Ab jetzt wird alles anders

Dr. Ruth Westheimer

Ab jetzt wird alles anders
Vom Erwachsenwerden, von Liebe und von Sex

Aus dem Amerikanischen vom Kollektiv Druck-Reif
Mit Illustrationen von Diane deGroat

Für meinen Enkel Ari und alle übrigen Kinder meiner Familie und meiner Freunde

Dr. Ruth Westheimer
Ab jetzt wird alles anders

Aus dem Amerikanischen vom Kollektiv Druck-Reif
Umschlagbild von Børgit
Illustrationen von Diane deGroat

Copyright © 1993 by Dr. Ruth Westheimer (Text)
Copyright © 1993 by Diane deGroat (Illustrationen)
(Titel der amerikanischen Originalausgabe:
Dr. Ruth Talks To Kids)
Published by arrangement with Macmillan Publishing Company,
A Division of Macmillan, Inc. (USA)

Copyright © 1994 Text, Illustrationen und Ausstattung der
deutschen Ausgabe by Aare Verlag (Sauerländer AG),
Aarau, Frankfurt am Main, Salzburg

Printed in Germany

ISBN 3-7260-0415-7
Bestellnummer 02 00415

Alle Rechte vorbehalten. Das Werk, einschließlich aller seiner
Teile, ist urheberrechtlich geschützt. Jede Verwertung in anderen
als den gesetzlich zugelassenen Fällen bedarf deshalb der
vorherigen schriftlichen Einwilligung des Verlages.

Die Deutsche Bibliothek – CIP-Einheitsaufnahme

Westheimer, Ruth:
Ab jetzt wird alles anders: vom Erwachsenwerden, von Liebe
und von Sex / Ruth Westheimer. Mit Ill. von Diane DeGroat.
Aus dem Amerikan. vom Kollektiv Druck-Reif. –
Aare/Sauerländer AG, 1994
  Einheitssacht.: Dr. Ruth talks to kids <dt.>
  ISBN 3-7260-0415-7

Inhalt

Einleitung		7
1	Dein Körper	11
2	Deine Gefühle	36
3	Sex und andere Formen der Liebe	54
4	Verhütung	70
5	Sexuell übertragbare Krankheiten	83
6	Sexueller Mißbrauch	88
7	Wie ein Baby entsteht	92
Nachwort		107
Register		109
Adressen		113

Einleitung

Ich muß etwas beichten. Als ich sieben oder acht Jahre alt war, glaubte ich, daß die Babys vom Storch gebracht werden. Ich war ein Einzelkind, und ich fühlte mich einsam. Also beschloß ich, dem Storch draußen auf meinem Fensterbrett zwei Zuckerstücke hinzulegen. Vielleicht würde er mir dann ja ein Brüderchen oder ein Schwesterchen bringen.

Nun rate mal, was passiert ist. Nichts.

In Deutschland, wo ich geboren bin und bis zu meinem zehnten Lebensjahr gelebt habe, war ich nicht das einzige Kind, das an dieses dumme Märchen vom Klapperstorch geglaubt hat. Denn auf die Frage ihrer Kinder: »Wo kommen denn die Babys her?« haben deutsche Eltern früher oft geantwortet, sie würden vom Storch gebracht. In anderen Ländern erzählen die Eltern andere Geschichten. So sagt man in Frankreich, daß man die Babys unter Kohlblättern findet.

Jetzt lebe ich in Amerika, und dort wird den Kindern oft gesagt, daß die Babys aus dem Krankenhaus kommen.

Auf die Fragen, wo die Babys herkommen oder wie sich der Körper beim Erwachsenwerden verändert und was Sex eigentlich ist, wissen nämlich wenige Leute die richtigen Antworten. Und ich kann dir auch sagen, warum das so ist: In unserer Gesellschaft wird Sexualität als eine Privatangelegenheit betrachtet. Das ist auch gut so – oder möchtest du, daß alle Welt zuschaut, wenn du deinen Freund beziehungsweise deine Freundin küßt? Aber es hat auch weniger angenehme Seiten. Dazu gehört, daß sich die Leute sehr oft unwohl fühlen, wenn sie über Sex sprechen sollen. Doch wenn sie nicht darüber reden, wie sollen sie dann etwas darüber erfahren?

Selbst deine Eltern werden sich mit dir wahrscheinlich lieber über Fußball oder dein Zeugnis oder das Wetter unterhalten. Vielleicht erzählen sie dir manchmal sogar, was du wissen willst, wenn du hartnäckig bleibst. Doch normalerweise werden sie verlegen und nervös, und manchmal sogar rot. Oder sie erklären dir stotternd ein paar Einzelheiten.

Womöglich ergeht es dir auch mit deinen Freunden nicht besser. Zuerst tun sie so, als ob sie alles wüßten, und dann stellt sich heraus, daß sie eigentlich keine Ahnung haben. Und du mußt dich in der Zwischenzeit damit abfinden, daß du gar nichts weißt oder falsch informiert bist.

Das ist wirklich schade. Denn in den nächsten Jahren wird sich dein Leben in einer Art und Weise verändern, die du dir jetzt noch nicht vorstellen kannst. Du entdeckst neue Vorlieben und Abneigungen, findest neue Freunde, hast neue Gedanken und Ideen – und dein Körper verändert sich. Die Jungen müssen sich allmählich rasieren. Sie bekommen Muskeln. Ihre Stimmen werden tiefer. Die Mädchen bekommen einen Busen und breitere Hüften. Ihre Menstruation setzt ein. Und sowohl Jungen als auch Mädchen werden feststellen, daß sie sich sehr stark für sexuelle Fragen interessieren. Eigentlich sollten sich Jugendliche bei all diesen Veränderungen einfach toll fühlen. Denn dadurch eröffnet sich ihnen eine ganz neue, aufregende Welt. Doch wenn sie nicht verstehen, was da vor sich geht, werden sie von den Veränderungen überrascht und manchmal sogar erschreckt. Ein Mangel an Informationen kann auch dazu führen, daß sie Dinge tun, die sie im Grunde gar nicht oder erst später tun wollen.

Und deshalb gibt es dieses Buch. Es soll dir dabei helfen, daß du – wenn es soweit ist – die Veränderungen verstehen, mit ihnen umgehen und dich darüber freuen kannst. Es wird von Dingen die Rede sein, die dir vielleicht zu persönlich erscheinen, um sie mit jemand zu besprechen. Doch es ist sehr wichtig, über Sex und alles, was damit zusammenhängt, Bescheid zu wissen, und deshalb sollte man sich nicht schämen, darüber zu reden.

1 Dein Körper

Ich will gleich zur Sache kommen. Erinnerst du dich, daß ich behauptet habe, Sexualität sei in unserer Gesellschaft eine Privatangelegenheit? Am besten erkennt man das daran, daß wir in Gesellschaft bestimmte Körperstellen – die Geschlechtsmerkmale – immer unter Kleidung versteckt haben. So weißt du als Mädchen vielleicht gar nicht genau, wie ein Junge aussieht, wenn er nackt ist, und als Junge ergeht es dir bei einem Mädchen vielleicht genauso. Allerdings weißt du höchstwahrscheinlich mehr, als ich als kleines Mädchen wußte. Aber natürlich waren wir früher genauso neugierig wie alle Kinder. Als ich zehn Jahre alt war, schickten mich meine Eltern in ein Kinderheim in die Schweiz, denn der Zweite Weltkrieg stand kurz bevor. Dort lebte ich, bis ich sechzehn war. Die Jungen wohnten in einem anderen Gebäudetrakt als die Mädchen. Und ich erinnere mich noch gut, wie eine Gruppe von uns Mädchen heimlich in den Waschraum der Jungen spähte, während sie duschten. Damals dachten wir, sie hätten uns nicht bemerkt, aber wenn ich heute daran zurückdenke, bin ich mir ziemlich sicher, daß sie uns gesehen haben.

Hier ist jedenfalls eine Kurzbeschreibung der Geschlechtsorgane von Mädchen und Jungen. Beginnen wir mit den Jungen. Bis sie in die Pubertät kommen – das ist das Alter, in dem aus dem Körper eines Kindes allmählich der eines Erwachsenen wird –, unterscheidet sich ihr Körperbau nur wenig von dem der Mädchen, bis auf eines: Jungen haben etwas zwischen den Beinen, das man Glied oder Penis nennt. Das Glied sieht ein bißchen aus wie ein Finger (manchmal wie ein kurzer, manchmal wie ein langer Finger), aber ohne Fingernagel. Am Ende hat es eine kleine Öffnung, das ist die Harnröhrenöffnung, aus der der Urin herauskommt.

Das verdickte vordere Ende des Glieds heißt Eichel. Die Eichel ist von einer Hautfalte bedeckt, der Vorhaut. Bei manchen Jungen wurde die Vorhaut kurz nach der Geburt durch einen chirurgischen Eingriff, die Beschneidung, entfernt. Eltern entschließen sich zur Beschneidung ihrer kleinen Söhne entweder aus religiösen oder aus angeblichen gesundheitlichen Gründen (die Ärzte sind sich allerdings nicht einig darüber, ob das wirklich vernünftig ist). Doch ob beschnitten oder nicht, ein Penis funktioniert wie der andere. Die Jungen, die nicht beschnitten wurden, sollten lediglich daran denken, regelmäßig die Vorhaut zurückzuschieben und das Penisende, die Eichel, zu waschen.

Außerdem hängt zwischen den Beinen der Hodensack herunter. In dieser lockeren, schrumpeligen Hauttasche befinden sich die zwei Hoden. Das sind eiförmige innere Organe, die, wie Jungen nur zu genau wissen, außerordentlich schmerzempfindlich sind.

Der Penis ist schon ein erstaunliches Ding. Einerseits uriniert der Junge damit. Und weil man damit zielen kann, ist es für einen Jungen möglich, im Stehen zu pinkeln. Doch es gibt noch etwas Erstaunliches: Das normalerweise weiche Glied wird manchmal steif, länger und ragt nach vorne. Diesen Vorgang nennt man Erektion. Das kann passieren, wenn der Penis an etwas scheuert oder ein Junge absichtlich an ihm reibt; es kann passieren, wenn der Junge dringend urinieren muß, und es kann einfach so passieren. Dabei schießt Blut in das normalerweise weiche Organ, und es wird knochenhart, obwohl im Penis keine Knochen sind.

Nun zu den Mädchen. Bis sie in die Pubertät kommen, sieht ihre Brust genauso aus wie bei Jungen – sie haben zwei Brustwarzen, links und rechts je eine.

Bei Mädchen befinden sich zwischen den Oberschenkeln die Venus- oder Schamlippen. Das sind zwei Hautlappen, die die restlichen Geschlechtsorgane schützen. In der Spalte dazwischen und von außen unsichtbar liegt die Scheidenöffnung, die teilweise von einem dünnen Häutchen, dem Hymen oder Jungfernhäutchen, verschlossen ist. Die Scheidenöffnung führt in die Scheide oder Vagina hinein. Die Scheide ist der Verbindungsgang, der von der Gebärmutter nach draußen führt. Der Ausgang der Harnröhre liegt bei Mädchen zwischen den Venuslippen vor der Scheidenöffnung. Da man damit nicht zielen kann, müssen sich Mädchen zum Urinieren hinsetzen.

Direkt vor dem Harnröhrenausgang liegt die Klitoris, eine kleine Verdickung, die auf Berührung äußerst empfindlich reagiert.

Zwar verändert sich dein Körper ständig, aber nie so stark wie während der Pubertät. Die Pubertät beginnt bei manchen Kindern bereits mit acht oder neun Jahren, bei anderen erst mit sechzehn oder siebzehn. Normalerweise fängt sie irgendwo dazwischen an. Aber wann auch immer, in der Pubertät sieht plötzlich alles ganz anders aus. Und zwar völlig anders als vorher. Und viele der Veränderungen, ob sie nun den Körper oder die Gefühle betreffen, haben auf die eine oder andere Weise mit Sex zu tun.

Was Sex alles ist, das läßt sich nicht einmal in einem

ganzen Buch zusammenfassen, geschweige denn in einem einzigen Absatz. Ein grundlegender Bestandteil davon ist jedenfalls der sogenannte Geschlechtsverkehr. Dabei führt ein Mann sein steifes Glied in die Scheide einer Frau ein. Manchmal wird die Frau als Folge des Geschlechtsverkehrs schwanger, und sie bekommt nach ungefähr neun Monaten ein Baby. So bist du entstanden, und wenn du einmal Kinder bekommst, entstehen sie auf die gleiche Weise.

Veränderungen in der Pubertät: Mädchen

Die Veränderungen, die dein Körper in der Pubertät durchläuft, machen es möglich, daß du ein Baby bekommen kannst. Und wie sieht das im einzelnen aus? Jungen und Mädchen haben so etwas wie einen unsichtbaren Wecker in ihrem Körper, der allerdings nicht klingelt. Statt dessen sagt er zu einem ganz bestimmten Zeitpunkt den verschiedenen Drüsen, daß sie eine Menge Hormone produzieren und in deinen Blutkreislauf schicken sollen. Hormone sind chemische Stoffe, die sowohl die körperliche Entwicklung als auch die Gefühle von Menschen beeinflussen.

Bei einem Mädchen fängt die Entwicklung normalerweise damit an, daß ihre Brüste zu wachsen beginnen. Das Mädchen bekommt einen Busen. Zuerst wird die Umgebung der Brustwarzen etwas dicker, dann wölben sich dort zwei kleine Hügel vor. Im Laufe der nächsten Jahre wächst die Brust ständig weiter, ebenso wie die Brustwarze und der sie umgebende Hof. Gleichzeitig werden die Hüften eines Mädchens breiter und der Po dicker, so daß ihre Figur die berühmten »Kurven« bekommt.

Die Brüste haben eine ganz bestimmte Aufgabe: Nach der Geburt eines Kindes produzieren spezielle Drüsen in der Brust der Mutter Milch für das Baby. Außerdem ist die Brust aber noch – besonders um die Brustwarze herum – als erogene Zone bekannt. So bezeichnet man eine sehr empfindsame Körperstelle, wo Berührungen besonders angenehm sind. Andere erogene Zonen sind die Klitoris, das Ohrläppchen, der Nacken und die Oberschenkel (die letzten drei durchaus auch bei Jungen).

Der Busen zieht in unserer Kultur oft das Interesse (vor allem von Männern) auf sich, weshalb Werbespots ihn als Blickfang nutzen oder bestimmte Kleider den Busen betonen.

Und wegen dieses ganzen Tamtams sind viele Mädchen entsprechend gehemmt und unsicher. Sie wollen wissen, wann ihre Brüste anfangen zu wachsen, wie sie einmal aussehen und sich anfühlen und welche Größe und Form sie haben werden. Ja, und was für ein Gefühl es ist, wenn man sie hat. Leider kann ich auf all diese Fragen keine Antwort geben. Bei manchen Mädchen wachsen die Brüste schon mit acht oder neun Jahren, bei anderen erst mit vierzehn oder fünfzehn. Und die Brust jeder Frau ist anders: Es gibt so viele verschiedene Arten von Brüsten wie Frauen auf der Welt.

Und das ist gut so: Denn es heißt, daß deine Brüste wahrscheinlich ganz normal sind, egal, wie sie ausschauen. Kleine Brüste erfüllen ihren Zweck genausogut wie große und wirken ebenso anziehend auf Jungen. Und große Brüste machen dich nicht plump oder unattraktiv. Ich weiß, ich kann das wiederholen, bis ich schwarz werde – du wirst dir trotzdem den Kopf über deine Brüste zerbrechen, sobald sie zu wachsen beginnen: Ob sie vielleicht zu klein sind oder zu groß, ob sie eine komische Form haben oder warum eine größer ist als die andere.

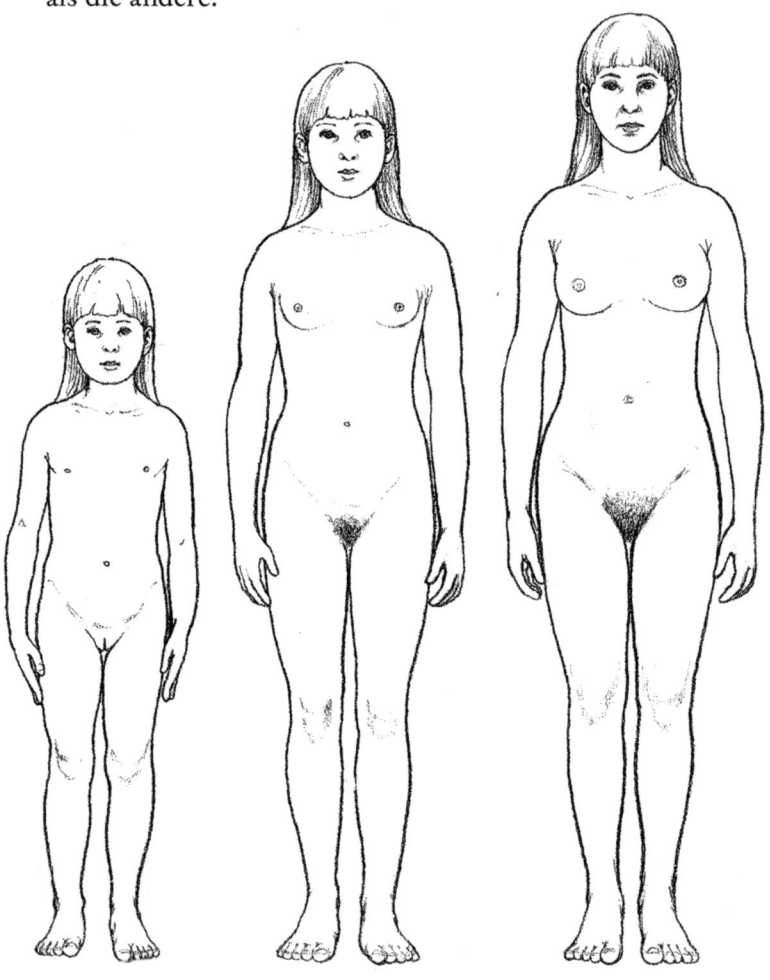

Aber ich spreche als echte Expertin. Denn meine Brüste sind schon sehr früh gewachsen. Schon mit dreizehn, vierzehn Jahren hatte ich voll entwickelte Brüste, und da ich immer sehr klein war, fiel mein großer Busen ziemlich auf. Ich habe mich furchtbar geschämt, vor allem, nachdem eine Mitarbeiterin des Kinderheims eines Tages ihre Hände vor ihren Brüsten gewölbt hatte, um anzudeuten, wie riesig meine doch waren. Ich bin heute noch böse auf sie. Denn ich dachte, mit mir würde etwas nicht stimmen. Es hat lange gedauert, bis ich kapiert hatte, daß mit *ihr* etwas nicht stimmte.

Manche Frauen fühlen sich wohler, wenn sie einen Büstenhalter tragen. Beim Sport kann es angenehm sein, einen Sport-BH zu tragen, der den Busen stützt.

Doch du kannst mit deinem ersten BH ruhig noch ein Weilchen warten, wenn deine Brüste gerade erst zu wachsen begonnen haben, und dich dann später entscheiden, ob du dich mit oder ohne Büstenhalter wohler fühlst.

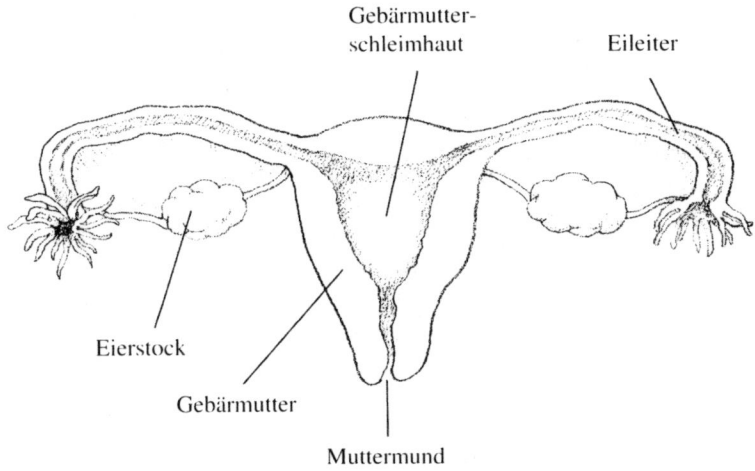

Es gibt auch noch andere körperliche Veränderungen während der Pubertät. Oft schießt ein Mädchen in einem Jahr mehrere Zentimeter in die Höhe, und seine Stimme wird etwas tiefer. Außerdem wachsen die Körperhaare unter den Achseln, um die Genitalien (dort nennt man sie Schamhaar) und meist auch auf den Armen und Beinen. Wie bei so vielen Dingen reagiert jeder Kulturkreis anders darauf. Nachdem ich das Schweizer Kinderheim verlassen hatte, lebte ich in einem Kibbuz in Israel. Dort rasierte sich keine einzige Frau die Beine oder unter den Achseln. In Amerika und vielen europäischen Ländern hingegen tun es die meisten Frauen. Also mach einfach das, womit du dich wohl fühlst.

Die Veränderungen, über die wir bisher gesprochen haben, haben eines gemeinsam: Man kann sie sehen. Doch mindestens ebensoviel verändert sich im Inneren des Körpers. Und diese Veränderungen führen letztlich zur Monatsblutung oder Menstruation. Die Menstruation setzt ein, wenn die Brüste eines Mädchens bereits seit einem oder zwei Jahren wachsen: Ungefähr einmal im Monat tritt ein paar Tage lang (manchmal drei Tage, manchmal auch eine Woche) ein bißchen Blut aus der Scheide.

Die Ursache für die Menstruation – die manchmal auch Periode genannt wird – ist folgende: Bereits von Geburt an sind im Unterleib eines Mädchens zwei winzige Eierstöcke vorhanden, die in Größe und Form Mandeln ähneln. Und darin lagern Tausende winzig kleiner Eizellen.

Wenn ein Mädchen in die Pubertät kommt, setzt in ihrem Körper ein Kreislauf ein, der sich regelmäßig – und das die nächsten dreißig bis vierzig Jahre – wiederholt und deshalb auch Zyklus genannt wird. Zu Beginn dieses Kreislaufs wird abwechselnd von dem einen oder dem anderen Eierstock ein Ei in den sogenannten Eileiter hinausgestoßen. Diesen Vorgang bezeichnet man als Eisprung. Wenn eine Frau in dieser Zeit Geschlechtsverkehr mit einem Mann hat, kann eine Samenzelle des Mannes, die man auch Spermium nennt, auf das Ei treffen und es befruchten. Wird es befruchtet, bewegt es sich weiter in Richtung Gebärmutterschleimhaut – das ist eine dicke Schicht, mit der die Gebärmutter ausgepolstert ist. Die Gebärmutter selbst ist ein birnenförmiges, knapp 8 cm langes Organ mit einer Öffnung zur Scheide hin. Diese Öffnung heißt Muttermund. Die Gebärmutterschleimhaut schützt das Ei und ernährt es, wenn es zuerst zu einem Embryo, dann zu einem Fötus heranwächst und schließlich zu einem Baby wird.

Wird das Ei nicht befruchtet, hat der Körper keine Verwendung mehr dafür, und es löst sich auf. Auch die Gebärmutterschleimhaut ist jetzt überflüssig und deshalb stößt der Körper das Blut und das Gewebe ab, aus dem diese Schleimhaut besteht. Blut und Gewebe sammeln sich am unteren Ende der Gebärmutter und tröpfeln dann aus der Scheide. Das ist die Menstruation.

Danach fängt der ganze Zyklus von neuem an – die Schleimhaut wird aufgebaut, nur um später wieder abgestoßen zu werden. Übrigens ist der Zyklus einer Frau im großen und ganzen immer gleich lang, seine Dauer unterscheidet sich aber von Frau zu Frau. Bei manchen Frauen dauert er zwanzig, bei anderen vierzig Tage.

Wann die Menstruation einsetzt, ist bei den einzelnen Mädchen recht unterschiedlich. Manche haben ihre er-

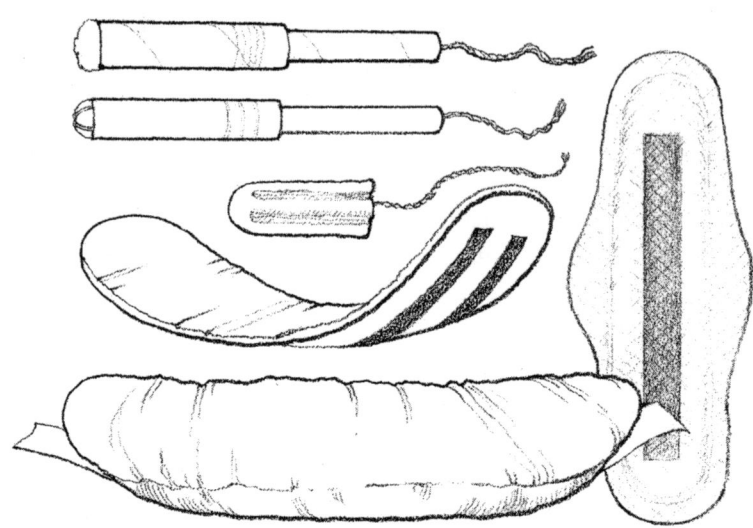

ste Periode schon mit zehn Jahren, andere erst mit siebzehn. Die meisten Mädchen sind zwischen zwölf und fünfzehn Jahren alt. Und manchmal hat ein Mädchen seine erste Periode und dann viele Monate keine mehr. Andere Mädchen haben ihre zweite Periode schon zwei Wochen nach der ersten. Meist pendelt sich der Vorgang innerhalb von zwei bis drei Jahren nach der ersten Menstruation auf einen regelmäßigen Abstand ein.

Es kann passieren, daß eine Frau nicht menstruiert, obwohl es vom Datum her an der Zeit dafür ist. Das kann viele Ursachen haben: Streß, große Gewichtsschwankungen oder eine Schwangerschaft (denn wenn eine Frau schwanger ist, braucht das befruchtete Ei die Gebärmutterschleimhaut, und sie wird nicht abgestoßen). Doch sonst wiederholt sich dieser Vorgang, bis eine Frau zwischen fünfundvierzig und fünfundfünfzig ist. Dann tritt der Körper wieder in eine Phase mit

Veränderungen ein, in die Menopause. Die monatlichen Blutungen hören auf, und die Frau kann nicht mehr schwanger werden.

Wenn du deine Monatsblutung hast, sollten das Blut und das Gewebe mit einem Tampon oder einer Binde aufgefangen werden. Ein Tampon ist ein Stöpsel, der in die Scheide hineinpaßt. Das Einführen erfordert ein bißchen Übung, doch sobald du den Dreh raushast, ist es kinderleicht. Binden sind eine dickere Slipeinlage mit Klebestreifen auf der Unterseite, die man in die Unterhose klebt. Tampons oder Binden trägt man während der gesamten Periode und wechselt sie mehrmals täglich.

Aber was davon ist für dich das Richtige? Nun, auf jeden Fall stimmt *nicht*, daß Mädchen keine Tampons benutzen sollten, weil sie angeblich das Jungfernhäutchen durchstoßen könnten. Denn normalerweise läßt das Jungfernhäutchen eine dehnbare Öffnung frei, durch die ein Tampon ohne Schwierigkeiten eingeführt werden kann. Und Tampons haben gegenüber Binden einen riesengroßen Vorteil: Man kann damit schwimmen gehen. Eigentlich hängt die Entscheidung allein davon ab, womit du dich wohler fühlst. Sicher können deine Mutter, eine Tante oder auch deine Freundinnen dir zeigen, wie man Tampons oder Binden verwendet.

Die erste Menstruation ist ein großer Augenblick im Leben eines Mädchens, und so ist sie verständlicherweise auch mit den unterschiedlichsten Gefühlen verbunden. Manche Mädchen können kaum erwarten, daß es endlich losgeht. Andere zerbrechen sich den Kopf darüber, wie es wohl ist, wenn man seine Periode hat. Sie haben vielleicht von älteren Mädchen merkwürdige Geschichten aufgeschnappt, für die es keinerlei Grundlage gibt. Da das Blut nicht aus dem Gehirn kommt, gibt es keinen Grund, warum Mädchen und Frauen während ihrer Periode nicht klar denken können sollten. Ebenso wirr und verrückt sind Geschichten über Leute, die angeblich krank geworden sind, weil ihr Essen von einer Frau gekocht wurde, die gerade ihre Periode hatte. Völliger Unsinn. Nun, und manche Mädchen haben schlicht Angst vor einem so großen Einschnitt in ihrem Leben.

Ich weiß genau, wie sich diese Mädchen fühlen. Denn wenn man daran gewöhnt war, ein kleines Mädchen zu sein, ist es nicht gerade einfach, plötzlich eine Frau zu werden. Vor nicht allzulanger Zeit warst du noch ein Baby. Und jetzt ist es bereits möglich, daß du selbst ein Baby bekommst. Doch vergiß nicht: Die erste Menstruation bedeutet nicht, daß du schon erwachsen bist. Du bist immer noch ein Mädchen, und du kannst weiterhin albern sein, mit Puppen spielen oder heulen, wenn dir danach ist.

Manche Mädchen haben Angst, daß die Periode weh tut. Und es stimmt, daß einige in dieser Zeit Krämpfe bekommen, leichtes Bauchweh oder sogar stechende Schmerzen haben. Manche Mädchen und Frauen wiederum leiden während ihrer Menstruation an Kopfschmerzen, Rückenschmerzen oder Übelkeit. Andere aber fühlen sich pudelwohl und sind in dieser Zeit besser gelaunt und unternehmungslustiger als sonst. Gegen Menstruationsbeschwerden wie Krämpfe gibt es Medikamente, die eine Ärztin oder ein Arzt dir verschreiben kann.

Manche Mädchen und Frauen stellen fest, daß sie in

dieser Zeit zu Stimmungsschwankungen neigen; andere merken davon überhaupt nichts. Doch eines sollte dir klar sein: Außer dir weiß keiner, wann du deine Periode hast. Normalerweise ist die erste Periode nur sehr schwach, du fühlst, wie es ein bißchen feucht wird, ohne daß es wirklich schon eine Absonderung gibt. Auch wenn du mit anderen Leuten zusammen bist, kannst du dich also einfach kurz entschuldigen und auf die Toilette gehen. Dort legst du dann eine Binde ein oder nimmst einen Tampon. (Wenn du nichts dabei hast, stopfe etwas Toilettenpapier in die Unterhose.) Später wird dann mehr Flüssigkeit ausgeschieden, aber auch nicht sehr viel – insgesamt verliert man während einer Menstruation selten mehr als etwa vier Eßlöffel Blut.

Und ein Mädchen weiß meist schon sehr bald, wann seine nächste Periode fällig ist. Sobald sie eingesetzt hat, kann sie Tampons oder Binden benutzen und ganz normal weiterleben wie sonst auch.

In meiner Jugend war das anders. Tampons waren noch nicht erfunden, und in dem Schweizer Kinderheim, wo ich lebte, gab es auch keine Wegwerf-Binden. Also benutzten wir Binden aus Stoff und wuschen sie allabendlich im Handwaschbecken aus. Und ich konnte *nicht* mit den anderen Kindern schwimmen gehen, wenn ich meine Periode hatte. Manchmal wurde ich deshalb von den Jungen gehänselt. Bestimmt erzählen dir deine Eltern oft genug, daß sie es in ihrer Jugend schwerer hatten als du heute. Nun, in dieser Hinsicht zweifellos!

Wem sollst du es erzählen, wenn du deine Periode bekommen hast? Das liegt ganz bei dir. Manche Mädchen möchten es jedem erzählen, den sie kennen. Andere sagen es nur ihrer Mutter. Mein Rat lautet: Erzähle es auf jeden Fall *irgend jemandem* – wenn nicht deiner Mutter, dann einer älteren Schwester oder deiner Lieblingstante. Sie haben genau das gleiche erlebt, sicher wissen sie ein paar hilfreiche Sätze zu dem Thema. Und schließlich bedeutet es, daß du allmählich erwachsen wirst – es wäre egoistisch, diese gute Neuigkeit für sich zu behalten.

Wenn du irgendein ungewöhnliches Problem mit deiner Menstruation hast, wird deine Hausärztin oder dein Hausarzt vielleicht eine Überweisung für eine gynäkologische Untersuchung ausstellen. Gynäkologen sind Ärztinnen und Ärzte, die sich auf die weiblichen Geschlechtsorgane und alles, was damit zusammenhängt, spezialisiert haben. Sie werden manchmal auch

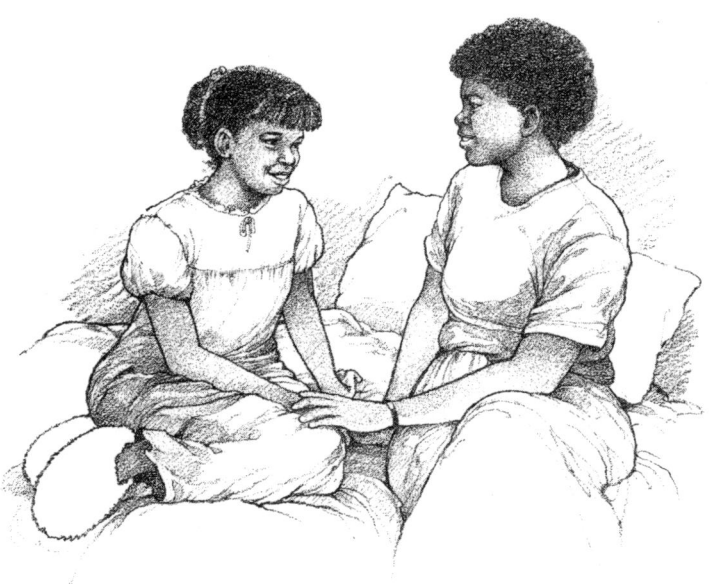

Frauenärzte genannt. Normalerweise untersuchen sie diese Organe durch die Scheide, mit einem Instrument, das man Spekulum nennt. Das ist zwar nicht die angenehmste Prozedur, die man sich vorstellen kann, aber richtig schlimm ist es auch nicht, vor allem, wenn du es schaffst, entspannt zu sein (atme tief und gleichmäßig) und deine Muskeln nicht verkrampfst.

Auch wenn du keine körperlichen Beschwerden hast, wirst du später ungefähr einmal pro Jahr zum Gynäkologen gehen. Da eine Frau ihr ganzes Leben lang regelmäßig zu diesen Untersuchungen gehen sollte, ist es wichtig, daß sie zu ihrer Ärztin beziehungsweise ihrem Arzt ein gutes Verhältnis hat. Wenn du deinen Gynäkologen nicht leiden kannst oder ihm nicht vertraust, erzähle das unbedingt deinen Eltern. Sie werden dir dann sicher bei der Suche nach jemand anderem helfen.

Veränderungen in der Pubertät: Jungen

Ich muß zugeben, daß ich natürlich nicht aus persönlicher Erfahrung über die Veränderungen sprechen kann, die ein Junge durchlebt. Aber immerhin bin ich schon seit über dreißig Jahren verheiratet und habe seit neunundzwanzig Jahren einen Sohn. Und so weiß ich einiges über Jungen und erwachsene Männer.

Im allgemeinen setzt die Pubertät bei Jungen später ein als bei Mädchen – mit ungefähr zwei Jahren Verzögerung. Die erste Veränderung findet im Bereich der Geschlechtsorgane, um das Glied herum, statt: Irgendwann im Alter zwischen zehn und fünfzehn Jahren stellst du fest, daß dein Hodensack und deine Hoden größer werden; außerdem wachsen oberhalb und seitlich von deinem Penis Schamhaare. Etwa ein Jahr später wächst dann auch dein Glied, und die meisten Jungen schießen in diesem Zeitraum beträchtlich in die Höhe.

Außerdem bekommt ein Junge öfter eine Erektion als bisher. Manchmal passiert das schon, wenn er sich vorstellt, er würde ein Mädchen küssen (und manchmal bekommt er eine, wenn er ein Mädchen küßt). Manchmal bekommt er auch eine Erektion, wenn er nervös oder aufgeregt ist; wenn er in einer unbequemen Stellung sitzen muß; beim Aufwachen; oder ohne irgendeinen Grund. Gewöhnlich verschwinden diese Erektionen nach ein paar Minuten von selbst. Und sie sind auch weiter kein Problem, wenn du nicht ausgerechnet in diesem Augenblick im Unterricht an die Tafel gerufen wirst.

Und was tust du in diesem Fall? Nun, es gibt eigentlich kaum etwas, was du dann tun kannst. Vielleicht verschwindet die Erektion von selbst, wenn du beim Aufrufen deines Namens erschrickst. Oder du denkst an etwas wirklich Unerfreuliches. Abgesehen davon sind Erektionen so gut wie unauffällig (und auch nicht so unangenehm), wenn du eher weite Hosen trägst. Aber auch wenn es dich sehr beschäftigt, was sich unter deiner Gürtellinie abspielt, deine Lehrer und deine Klassenkameraden haben nicht den geringsten Grund, dorthin zu schauen. Und so werden sie es wahrscheinlich gar nicht bemerken.

All diese Veränderungen macht jeder Junge durch, doch du solltest nicht vergessen, daß es keinen festen Zeitplan dafür gibt. Manche Vierzehn- oder Fünfzehnjährigen haben noch keine Schamhaare. Und natürlich fühlen sich diese »Spätentwickler« im Umkleideraum oder in der Schule unter der Dusche nicht unbedingt wohl in ihrer Haut. Sogenannte Freunde schaffen es dann allzuoft, daß sie sich noch unbehaglicher fühlen.

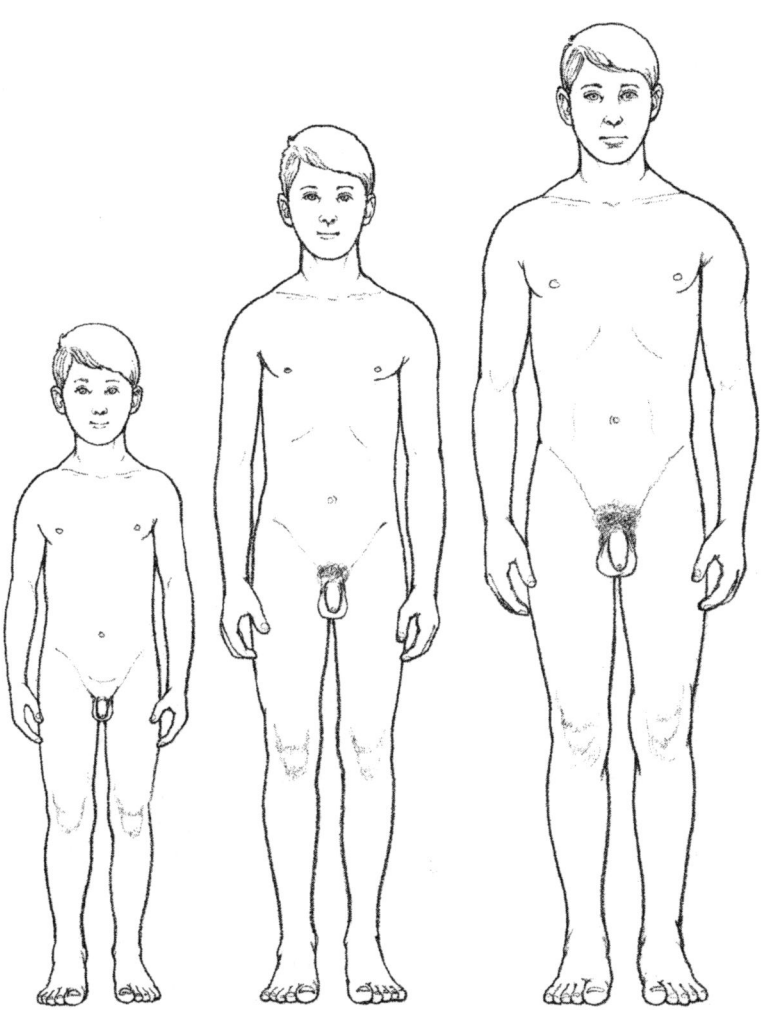

Ich habe in meinem Schweizer Kinderheim einmal mit angehört, wie sich eine Gruppe von Jungen über einen anderen lustig machte, der in dieser Situation steckte. Leider kann man gegen solche Hänseleien nur wenig tun. Wenn du die Zielscheibe des Spotts bist, denke einfach daran, daß es nur eine Frage der Zeit ist, bis du genausoweit entwickelt bist wie die anderen.

Jedenfalls ist ein Junge gewöhnlich stolz darauf, daß sein Penis größer geworden ist. Gelegentlich spielen Jungen deshalb in diesem Alter zu zweit oder in größeren Gruppen: »Ich zeig dir meinen, und du zeigst mir deinen.« Ab und zu berührt einer auch den Penis eines anderen. Daran gibt es absolut nichts auszusetzen, und es heißt auch nicht, daß diese Jungen homosexuell sind. (Homosexuelle sind Menschen, die sich von Angehörigen ihres eigenen Geschlechts sexuell angezogen fühlen.)

Ebenso, wie sich Mädchen wegen Größe und Form ihres Busens Sorgen machen, machen sich Jungen Sorgen um ihren Penis. Doch auch hierfür gibt es überhaupt keinen Grund. Die durchschnittliche Penislänge eines Erwachsenen beträgt zwischen 6,5 cm und 10 cm, doch bei vielen Männern ist der Penis kürzer oder länger. Und bei manchen ist er dicker, bei anderen dünner. Bei manchen ist er ganz gerade, bei anderen wiederum leicht nach vorne oder nach hinten gebogen. Also ist deiner normal, ganz gleich, wie er aussieht. Und beim Geschlechtsverkehr spielt die Penisgröße ebensowenig eine Rolle wie die Größe deiner Finger.

Da wir gerade von deinen Fingern sprechen: Wenn du glaubst, daß dein Penis zu klein ist, kann das auch eine optische Täuschung sein. Hier ein Experiment, um zu zeigen, was ich meine. Steh auf, laß den rechten Arm hängen und deute mit deinem Zeigefinger auf deinen rechten Fuß. Sieht dein Finger dabei nicht kleiner aus, als er in Wirklichkeit ist? Das liegt an einem Phänomen der Perspektive, der optischen Verkürzung. Und das gleiche passiert auch, wenn du auf deinen Penis hinunterschaust. Um eine bessere Vorstellung von seiner Länge zu bekommen, stell dich vor einen bodenlangen Spiegel. Ich wette, daß du überrascht bist.

Und was verändert sich außerdem? Ungefähr ein Jahr, nachdem dein Schamhaar zu wachsen begonnen hat, erweitert sich dein Kehlkopf, der tief unten in deiner Kehle sitzt. Sicher weißt du, daß eine große Baßtrommel anders klingt als eine kleine Trommel. Während also dein Kehlkopf wächst, wird deine Stimme immer tiefer und ähnelt so immer mehr der Baßtrommel.

Ich bin sicher, daß dir deine neue Stimme gut gefallen wird. Aber leider ist der Stimmbruch keine reine Freude: Deine Stimme kiekst und kippt, und du weißt nie im voraus, ob sie nun hoch oder tief sein wird. Ein Freund meines Sohnes wurde einmal im Geschichtsunterricht aufgerufen. Die Antwort auf die Frage lautete: »Trojanischer Krieg«, und er sagte »trojanischer« mit ganz tiefer und »Krieg« mit ganz hoher Fistelstimme. Das ist jetzt schon über zehn Jahre her, doch wenn mein Sohn und dieser Freund sich irgendwo treffen, muß einer nur »Trojanischer Krieg« sagen, und schon brechen sie in schallendes Gelächter aus.

Etwa ein Jahr nach Einsetzen des Stimmbruchs wirst du feststellen, daß dir unter den Achseln und auf der Oberlippe Haare wachsen. Sobald der erste »Pfirsichflaum« im Gesicht sprießt, kannst du anfangen, dich zu rasieren. Der erste Bartwuchs ist ein Zeichen dafür, daß ein Junge erwachsen wird.

Ich würde dir folgendes raten: Sobald auf deiner Oberlippe Flaum sprießt, teile das ohne großes Drumherum deinen Eltern mit. Sage deinem Vater, daß du einen Rasierapparat brauchst und daß er dir zeigen soll, wie man ihn benutzt. Wenn du nicht mit deinem Vater zusammenlebst, kann das auch deine Mutter übernehmen.

Deine Körperbehaarung wird in den folgenden Jahren immer dichter werden, wahrscheinlich, bis du weit über zwanzig bist; und das nicht nur in deinem Gesicht und unter den Achseln, sondern auch auf deiner Brust und auf Armen und Beinen. Und wie bei allem anderen gibt es auch bei der Behaarung kein »normales« Maß.

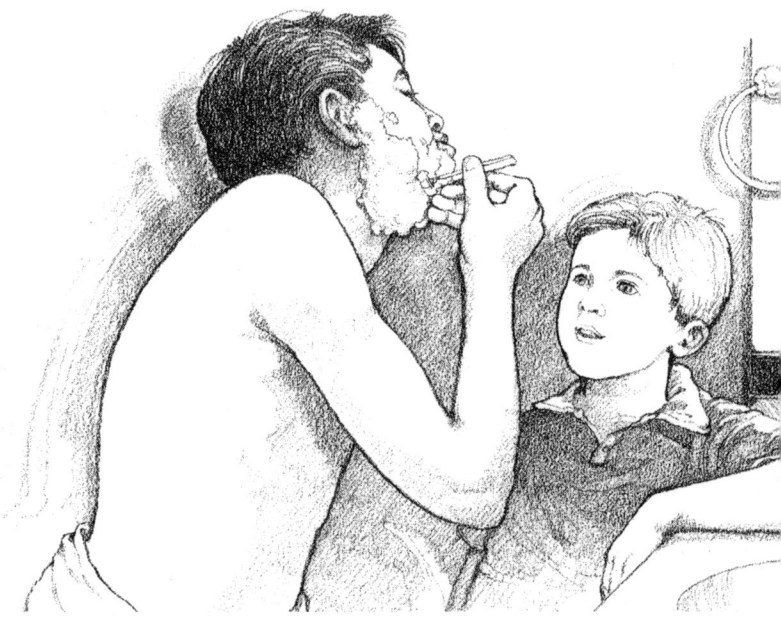

Manche Männer bleiben fast völlig haarlos, andere sind fast überall behaart, mit Ausnahme ihrer Handflächen und Fußsohlen.

Während all diese Veränderungen stattfinden, passiert im Innern deines Körpers ebenfalls eine Menge. Das Wichtigste davon ist wohl, daß dein Körper beginnt, Spermien zu produzieren. Das sind winzig kleine Zellen, sogenannte Samenzellen, die nach dem Geschlechtsverkehr versuchen, auf das weibliche Ei zu treffen und damit zu verschmelzen. Gelingt das, so entsteht ein Fötus, der sich zu einem Baby entwickelt. Sobald du in die Pubertät gekommen bist, beginnen deine Hoden Millionen von Spermien zu produzieren und zu speichern.

Die Hoden produzieren so lange Spermien, bis kein Speicherplatz mehr vorhanden ist. Sie müssen ausgestoßen werden, und das geschieht dann auch. Die Spermien vermischen sich mit einer milchigen Flüssigkeit zu Sperma, der Samenflüssigkeit, und diese – vielleicht ein Teelöffel voll – tritt dann aus deinem Penis, und zwar aus der gleichen Öffnung wie auch der Urin. Das nennt man Samenerguß oder Ejakulation; der Samenerguß findet normalerweise statt, wenn du eine Erektion hast.

Wie aber kommt es zum Samenerguß? Ein Mann kann beim Geschlechtsverkehr einen Samenerguß haben, und dann gelangen seine Samenzellen aus dem Glied in die Scheide der Frau und können so zur Eizelle weiterwandern. Meist findet der Samenerguß zur gleichen Zeit wie der Orgasmus statt. Dabei handelt es sich um ein sehr intensives, angenehmes und lustvolles Gefühl, das einige Sekunden lang anhält. Anschließend läßt die sexuelle Spannung nach.

Jungen und Männer kommen auf zwei weiteren Wegen zum Samenerguß. Einer davon ist die Selbstbefriedigung, die man auch als Onanieren oder Masturbieren bezeichnet. Es heißt, daß man sein Glied so berührt und streichelt, daß es sich angenehm anfühlt. (Auch Mädchen onanieren. Dabei streicheln sie ihre Klitoris, berühren die Umgebung der Scheide und ihr Inneres, bis sie einen Orgasmus bekommen.) Viele Jungen onanieren, wenn sie noch klein sind, ohne einen Samenerguß zu bekommen. Erst wenn sie es nach der Pubertät tun, können sie dabei einen Samenerguß haben.

Die andere und vermutlich häufigere Möglichkeit ist, daß du einen Samenerguß hast, während du schläfst – man spricht dann von feuchten Träumen. Denn vielleicht hast du zum Zeitpunkt der Ejakulation gerade geträumt, und möglicherweise hatte der Traum etwas mit Sex zu tun, was aber nicht unbedingt der Fall gewesen sein muß. Manchmal kannst du dich nicht einmal erinnern, überhaupt geträumt zu haben. Jedenfalls wachst du normalerweise kurz nach dem Samenerguß auf und stellst fest, daß dein Laken oder deine Pyjamahose feucht ist. Nach ungefähr einer Stunde sind dann die Flecken getrocknet und ein bißchen hart geworden.

Beim ersten Mal kann so ein Samenerguß einen ziemlich erschrecken. Manche Jungen haben Angst, daß sie ins Bett gemacht haben. Andere schämen sich. Doch das ist Unsinn. Jeder Junge hat nachts Samenergüsse. Deine Eltern wissen darüber Bescheid – vor allem dein Vater. Und die Flecken, die dabei entstehen, lassen sich leicht herauswaschen.

Leider wissen viele Jungen nichts darüber. Einer der Jungen, mit denen ich zusammen im Kinderheim war, erzählte mir Jahre später – wir waren beide schon erwachsen –, daß er im Alter von vierzehn Jahren nach jedem Samenerguß, den er nachts hatte, überzeugt war, er hätte ins Bett gemacht. Er hat dann jedesmal heimlich die Laken in den Waschraum gebracht und sie selbst ausgewaschen. Er hat sich geschworen, seine Söhne niemals diese Ängste ausstehen zu lassen. Und als mein Freund dann tatsächlich einen Sohn hatte, wartete dieser schon mit zehn Jahren gespannt auf seinen ersten Samenerguß.

Übrigens beunruhigt manche Jungen die Tatsache, daß Sperma und Urin aus der gleichen Öffnung kommen. Können beide Flüssigkeiten gleichzeitig austreten? Kommt manchmal auch Urin heraus, wenn man gerade einen Samenerguß hat? Nein, das kann nicht passieren. Vor einem Samenerguß schließt sich vor der Blase, in der der Urin gesammelt wird, eine Art Klappe. So wird verhindert, daß Urin zusammen mit Samen ausgestoßen wird.

Ich glaube, ich werde es nie fassen, welch erstaunliche Eigenschaften der menschliche Körper hat.

Mädchen und Jungen: Haut

Jeder schwitzt, sogar Babys. Doch wenn du in die Pubertät kommst, wirst du wahrscheinlich mehr schwitzen als früher. Die Schweißdrüsen, die jeder von uns unter seiner Haut hat, werden in der Pubertät aktiver, vor allem in den Achselhöhlen, im Bereich der Geschlechtsorgane, an Händen und Füßen. Und das passiert meist dann, wenn man nervös oder aufgeregt ist.

Aber das ist eigentlich kein Problem. Warum also die unzähligen Werbespots für Deodorants im Fernsehen? Nun, Schweiß, der sich über längere Zeit in den Achselhöhlen sammelt, entwickelt einen Geruch, der manchen Leuten unangenehm ist. (Übrigens reagieren hierbei nicht alle Kulturen gleichermaßen empfindlich.)

Wenn du dir also Sorgen wegen deines Körpergeruchs machst, hier einige Tips, was du dagegen tun kannst. Zuerst einmal, dusche oder bade regelmäßig. Zweitens, trage saubere, frisch gewaschene Kleidung. Drittens, trage Baumwollunterwäsche und Baumwollkleidung – denn Baumwolle nimmt den Schweiß besser auf als Kunstfaser. Und wenn du es für nötig hältst, benutze ein Deodorant. Kaufe die Sorte, deren Geruch dir am meisten zusagt, denn im Grunde sind alle gleich.

Ebenso wie die Schweißdrüsen neigen jetzt auch die Talgdrüsen direkt unter der Hautoberfläche dazu, übermäßig zu arbeiten. Deshalb werden deine Haut und deine Haare fettiger, und vielleicht bekommst du an manchen Stellen auch Akne. Besonders anfällig dafür sind Gesicht, Brust und Rücken. Akne entsteht dadurch, daß Talg aus den Talgdrüsen die Poren verstopft und sich so Pusteln, Pickel und Mitesser bilden.

Akne ist eine rechte Plage. Nicht nur, daß sie oft weh tut, sie macht einen auch unsicher. Leider sind acht von zehn Jugendlichen mehr oder weniger davon betroffen, und wenn du dazugehörst, kannst du nur wenig dagegen tun.

Bis vor kurzem war man der Meinung, bestimmte Lebensmittel – Schokolade, Räucherfisch, fritierte Speisen – würden Akne fördern. Doch inzwischen sind sich die Ärzte da nicht mehr sicher. Einig sind sie sich jedoch, daß Akne nicht vom Onanieren kommt! Und daß man durch regelmäßiges Waschen das Fett wegspülen kann, das zur Entstehung von Akne beiträgt.

Es wird dich im Augenblick wahrscheinlich nicht trösten, aber auch Akne ist nur eine vorübergehende Erscheinung. Meistens heilt sie bereits im Alter zwischen fünfzehn und zwanzig Jahren ab.

Wenn du an schwerer Akne leidest, solltest du vielleicht zu einer Hautärztin oder einem Hautarzt gehen. Akne kann nämlich mit Medikamenten behandelt werden, die eventuell helfen. So bekämpfen bestimmte Antibiotika zum Beispiel die Entzündungen, die sich in den verstopften Poren bilden; sie helfen auch gegen den fettigen Glanz, der durch die übermäßig arbeitenden Talgdrüsen entsteht. Auch eine Salbe mit Vitamin-A-Säure hilft bei der Klärung von Gesichtsakne oft wirklich gut.

2 Deine Gefühle

Als meine Tochter zehn oder elf Jahre alt war, hatten wir einen riesengroßen Krach. Ich weiß nicht mehr, worum es eigentlich ging – wahrscheinlich wollte sie ein bestimmtes Kleid haben, das ich für ihr Alter unpassend fand. Auf jeden Fall wurden im ganzen Haus Türen geschlagen, und wir schrien uns an. An diesem Abend telefonierte ich mit einer Freundin, und ich sagte: »Sie ist wohl gerade in dem ›schwierigen‹ Alter.«

Meine Freundin antwortete: »Von jetzt an ist jedes Alter schwierig.«

Damit traf sie voll ins Schwarze.

Mit acht oder neun Jahren fangen Kinder an, allmählich erwachsen zu werden. Diesen großen Schritt zu tun ist nie einfach, und auf deinem Weg zum Erwachsenen wirst du zwangsläufig harte Zeiten durchmachen müssen – Zeiten, in denen du wütend oder traurig bist, Zeiten, in denen du niemanden ausstehen kannst, nicht einmal dich selbst. Aber vielleicht hilft es dir, wenn du dir klarmachst, daß es nicht nur dir allein so geht.

Freunde

Hast du einen guten Freund, eine gute Freundin? Jemand, mit dem du stundenlang zusammensitzt, dem du alles erzählst, vor dem du keine Geheimnisse hast und mit dem du Witze machst, die nur ihr beide versteht? Wenn du so jemanden hast, dann bist du gut dran. Du mußt aber auch wissen, daß Freundschaften nicht unbedingt ewig halten. Sobald Kinder ins Teenageralter kommen, haben sie alle möglichen neuen Interessen. Manchmal entwickeln sie auch eine ganz neue Persönlichkeit. Und plötzlich hat man nicht mehr viel mit dem besten Freund, der besten Freundin gemeinsam, obwohl man bisher unzertrennlich war.

Ich habe eine jüngere Freundin, Debbie, die inzwischen über dreißig ist. Als Mädchen hatte sie eine Freundin namens Barbara, die bei ihr um die Ecke wohnte. Von klein auf unternahmen sie alles gemeinsam. Sie erfanden Geschichten über Hexen und Feen in einem nahen Wäldchen, sie gingen zusammen zu den Pfadfindern und kicherten über ihre Gruppenleiterin, sie gaben sich gegenseitig Geheimnamen.

Doch dann interessierte sich Debbie mit vierzehn Jahren auf einen Schlag plötzlich ungeheuer für Jungen. Ständig wollte sie sich schminken und irgendwohin gehen, wo sie Jungen kennenlernen konnte. Doch Barbara hatte daran keinen Spaß. Sie interessierte sich für die Schule, und sie blieb lieber zu Hause und las ein Buch. Aber es gab andere Mädchen, die unternehmungslustig waren, wie es auch andere Mädchen gab, die gerne lasen. Und so schlossen sowohl Barbara wie auch Debbie neue Freundschaften.

Wenn sie sich in der Schule im Gang begegneten, nickten sie sich zu und lächelten sich an, manchmal unterhielten sie sich auch kurz. Doch die alte Vertrautheit war verschwunden. Sie hatten sich auf dem Weg in eine neue Lebensphase auseinandergelebt.

Ich muß dir aber noch unbedingt das Ende dieser Geschichte erzählen. Denn Barbara und Debbie sind im Lauf der letzten Jahre wieder sehr enge Freundinnen

geworden. Inzwischen haben beide Kinder, und Debbie – die nach ihrem Collegeabschluß in eine andere Stadt gezogen ist – besucht Barbara und ihre Familie jedesmal, wenn sie einmal im Jahr in ihre Heimatstadt kommt. Debbie hat Barbara sogar gebeten, Patin ihrer einjährigen Tochter zu werden.

Übrigens zerbrechen Freundschaften mit noch größerer Wahrscheinlichkeit, wenn du als Mädchen einen besten Freund oder als Junge eine beste Freundin hast. Denn solange Kinder noch klein sind, haben Jungen Mädchen zur Freundin und Mädchen Jungen zum Freund, und keiner stört sich daran. Doch plötzlich kommt ein Punkt, wo anscheinend alle glauben, daß sich das ändern muß. Ich erinnere mich an die Zeit, als mein Sohn neun Jahre alt war. Er hatte immer mit Mädchen gespielt, doch auf einmal wollte er nicht einmal mehr mit ihnen gesehen werden. Als wir eines Tages spazierengingen, bestand er darauf, die Straßenseite zu wechseln, weil uns ein Mädchen entgegenkam, das er kannte.

Und wehe dem tapferen Jungen, der gern mit Mädchen und Puppen spielt, ebenso wie dem Mädchen, das mit Jungen Fußball spielt! Nicht selten werden sie deswegen von anderen Kindern gehänselt.

Vielleicht sind diese Kinder eifersüchtig. Möglicherweise interessieren sie sich bereits für das andere Geschlecht, trauen sich aber nicht, deswegen etwas zu unternehmen, und bleiben deshalb lieber unter sich. Wenn dich jemand deshalb ärgert, denk einfach dran, daß Kinder, die dich hänseln, wahrscheinlich liebend gern in deiner Haut stecken würden.

Im Alter von etwa elf oder zwölf Jahren fangen Jungen und Mädchen an, sich auf der Straße oder zu Hause, in Jugendzentren oder auf Partys in gemischten Gruppen zu treffen. Das ist die beste Möglichkeit, sich vorsichtig an die späteren Verabredungen und ernsthafteren Beziehungen heranzutasten.

Allerdings bergen solche Gruppen ihr eigenes Risiko. Manchmal entstehen Cliquen, kleine Gruppen von Heranwachsenden, die zu glauben scheinen, daß auf der Welt niemand außer ihnen existiert. Wenn es an deiner Schule eine Clique gibt, zu der du gerne gehören möchtest, die dich aber anscheinend nicht haben will, lautet mein Rat: »Vergiß es.« Es gibt garantiert eine andere Gruppe, die dich zu schätzen weiß. Und du wirst feststellen, daß es wesentlich mehr Spaß macht, mit dieser Gruppe zusammenzusein, als Trübsal zu blasen, weil du nicht zu einer bestimmten Clique gehörst.

Ein weiteres Problem, das mit der Gruppenbildung zusammenhängt, sind Gerüchte. Als ich noch in dem Schweizer Kinderheim war, hatte ich einen Freund; er hieß Walter. Eines Tages kam mir zu Ohren, daß sich die

Jugendlichen erzählten, ich hätte mich nackt vor ihm ausgezogen. Das stimmte nicht, und deshalb war ich sehr wütend. Doch das Schlimmste war, je mehr ich es bestritt, um so eher schienen es alle zu glauben.

Schließlich beschloß ich, das Gerücht einfach zu ignorieren. Und weißt du, was? Kurz darauf war keine Rede mehr davon. Also: Wenn dich andere hänseln oder Gerüchte verbreiten, einfach ignorieren. Es hilft!

Ohne Gruppen gäbe es auch keinen Gruppenzwang. Du hast wahrscheinlich schon davon gehört, weil Erwachsene diesem Phänomen die Schuld an allem zuschieben, was ihnen an Kindern und Jugendlichen nicht paßt. Tatsache ist allerdings: Wenn jeder in deiner Gruppe dich drängt, etwas zu tun, was du tief in deinem Innern eigentlich nicht tun willst, wenn alle dich einen Feigling nennen, weil du es nicht tun willst, dann ist es wirklich schwer, nein zu sagen. Schließlich will jeder anerkannt werden, und manchmal scheint es keine andere Möglichkeit zu geben, als mit der Gruppe mitzuziehen.

Zum Thema Gruppenzwang kann ich nur eines sagen: Du solltest versuchen, dich auf dein Gefühl zu verlassen, vor allem, wenn man dich zu Dingen zwingen will, die dir gefährlich werden können, wie Alkohol oder Drogen. Manchmal hilft es, wenn man mit jemandem darüber redet. Wenn du meinst, daß deine Eltern dich nicht verstehen, versuche es doch bei einem älteren Bruder, einer großen Schwester, einem Onkel oder einer Tante.

Da wir gerade bei Freundschaften sind, muß ich ein paar Worte zum Thema Telefon verlieren. Es gehört heutzutage so sehr zum Leben dazu, daß ich beim besten Willen nicht weiß, wie wir in meiner Jugend eigentlich ohne auskommen konnten. Als meine Tochter zwölf war, hatte ich den Eindruck, sie würde jede wache Minute an der Strippe hängen. Und wenn sie im Schlaf hätte telefonieren können, ich bin sicher, sie hätte es getan.

Und wenn nun jemand versucht hätte, uns anzurufen, um uns etwas Wichtiges mitzuteilen? Er hätte uns nicht erreichen können, weil meine Tochter die Leitung blockierte. Und sie weigerte sich aufzulegen. Oft fochten wir deswegen regelrechte Kämpfe aus. Schließlich fiel mir eine Lösung ein. Wir schenkten meiner Tochter zum dreizehnten Geburtstag einen eigenen Anschluß. Auf einen Schlag waren wir wieder eine große glückliche Familie.

Vielleicht sind deine Eltern aber finanziell nicht in der Lage, dir einen eigenen Anschluß zu kaufen. Das ist ein ziemlich teures Vergnügen. Auf jeden Fall solltest du versuchen, deinen Eltern klarzumachen, daß es für dich wichtig ist, mit Freunden zu telefonieren – du solltest aber auch verstehen, daß deine Eltern manchmal mit *ihren* Freunden reden wollen.

Himmelhoch jauchzend, zu Tode betrübt

Jugendliche sind manchmal tagelang am Boden zerstört, oder aber sie fühlen sich glücklicher als je zuvor. Zwar ist das kein Dauerzustand, aber dieses Glücksgefühl zählt sicherlich zu den angenehmeren Seiten der Pubertät. Später als Erwachsener empfindet man nicht mehr so heftig wie in diesem Alter, und viele ältere Leu-

te wünschen sich, daß es noch wie früher wäre. Ich denke ganz wehmütig an die Zeit zurück, als alles, was passierte, so unglaublich wichtig schien.

Natürlich ist es nicht einfach, die vielen unguten Gefühle – Eifersucht, Unsicherheit, Wut oder ganz einfach Traurigkeit – in den Griff zu bekommen. Es hilft jedoch, darüber zu reden, entweder mit einer Freundin, einem Freund oder einem Erwachsenen, dem du vertraust.

Über einige Dinge wirst du allerdings mit niemandem sprechen wollen. Und deshalb wurden Tagebücher erfunden. Ich halte sehr viel von einem Tagebuch, einem speziellen, geheimen Buch für dich ganz allein, in das du alles schreiben kannst, was in dir vorgeht. Ich fing mit zehn Jahren an, Tagebuch zu schreiben, damals, als ich ins Kinderheim kam. Und ich schreibe es bis heute.

Wenn ich jetzt darin lese, bin ich überrascht, wie elend ich mich manchmal gefühlt habe. Als ich dreizehn war, schrieb ich beispielsweise eines Tages: »Ich bin häßlich, ich bin dumm. Was wird wohl aus mir werden! Habe ich überhaupt ein Recht zu leben? ... Ich bin ein Hohlkopf, leer und oberflächlich.«

Damals hatte ich wohl das Gefühl, die Welt müßte gleich untergehen. Doch nur ein paar Seiten weiter – ich hatte gerade begonnen, mich mit Walter zu treffen – schrieb ich folgendes Zitat aus einem Kitschroman ab, den ich gerade las: »Wie wundervoll es doch war. Kann denn etwas Sünde sein, das so erhebend ist? Wir haben uns das erste Mal geküßt, und dabei wußten wir beide nicht, wie uns geschah. Es war auf eine wunderbare Art geheimnisvoll, und das wird es ein Leben lang bleiben.«

Denk also daran: Kein Kummer dauert ewig.

Doch manchmal ist man auch über einen längeren Zeitraum so unglücklich, daß man glaubt, es nicht ertragen zu können. Es sieht dann so aus, als ob das Leben keinen Sinn mehr hätte. Wenn es dir einmal so geht, rate ich dir dringend, mit jemandem zu sprechen, der von Berufs wegen für Leute da ist, die Probleme haben. Das kann ein Therapeut sein, eine Psychologin, ein Sozialarbeiter oder die Mitarbeiter in einer Beratungsstelle. Deine Mutter, dein Vater oder sonst ein Familienmitglied, dem du vertraust, aber auch eine Lehrerin oder der Vertrauenslehrer deiner Schule kann dir helfen, so jemanden zu finden. Wenn du mit niemandem darüber reden willst, kannst du auch selbst im Telefonbuch und in den Gelben Seiten des Branchenverzeichnisses unter »Beratungsstellen« oder »Psychologische Beratung« nachschlagen und jemand heraussuchen.

Beim Thema Gefühle muß ich eins gesondert ansprechen, das für Jugendliche wahrscheinlich das Schlimmste ist: die Verlegenheit. Während du heranwächst, stellst du fest, daß du viel leichter verlegen wirst als früher. Egal, ob du einen Fehler machst oder etwas sagst, was du für dumm hältst, ob sich jemand über dich lustig macht oder deine Eltern vor deinen Freunden irgendeine Bemerkung machen, du wirst rot und weißt nicht mehr, was du sagen sollst.

Leider gibt es gegen diese Verlegenheit kein Mittel. Doch überlege mal folgendes: Jugendliche werden verlegen, weil sie denken, daß buchstäblich *jeder* sie anstarren und sich ein Urteil über sie bilden würde. Aber das stimmt nicht. Die meiste Zeit schlagen sich die Leute nämlich mit ihren *eigenen* Problemen herum und kriegen überhaupt nicht mit, was du gerade tust.

Und wie ich vorher schon gesagt habe, niemand *empfindet* so heftig wie Jugendliche. Je älter sie werden, desto seltener haben sie diese Weltuntergangsstimmungen. Vielleicht tröstet dich das ja ein bißchen.

Privatsphäre

Ist es wichtig für dich, einen Ort zu haben, wohin du dich zurückziehen und wo du allein sein kannst? Wo dich niemand stört und niemand sieht, was du tust? Wenn nicht, dann ändert sich das sicher bald. Falls du ein Mädchen bist und bisher immer zusammen mit deinem kleinen Bruder gebadet hast, willst du das vielleicht von einem Tag auf den anderen nicht mehr. Und wenn du dich bisher nur ungern allein in deinem Zimmer aufgehalten hast, wird es nun plötzlich Zeiten geben, wo schon der Gedanke, daß jemand dir Gesellschaft leistet, unerträglich für dich ist. Dieses Bedürfnis nach Privatsphäre haben die meisten Menschen.

Es gibt eine Menge Dinge, bei denen man ungestört sein muß. Zum Beispiel, wenn man die neuesten Tanzschritte vor dem Spiegel übt. Oder zum Tagebuchschreiben. Beim Telefonieren mit einer Freundin. Oder um einfach dazuliegen und nachzudenken.

Wenn du ein eigenes Zimmer hast, dann sorge dafür, daß deine Eltern es auch als dein Zimmer respektieren. Ist die Tür geschlossen, dann sollten sie anklopfen, bevor sie hereinkommen. Manche Mütter und Väter wollen das nicht verstehen. Um dich durchzusetzen, kannst du ein Schild mit der Aufschrift »Bitte nicht stören« malen und es außen an die Türklinke hängen.

Teilst du dein Zimmer mit Bruder oder Schwester, mußt du dich vielleicht ins Badezimmer einschließen, um deine Ruhe zu haben. Oder du richtest dir eine Ecke im Keller oder im Speicher ein und ziehst dich dorthin zurück, wann immer du allein sein willst.

Selbstwertgefühl

Wenn Kinder in die Pubertät kommen, denken sie oft über ihren Körper nach. Darüber, wie sehr sie sich verändert haben und wie stolz sie auf diese Veränderung sind.

Doch manchmal finden sie ihren Körper gar nicht so toll. Damals im Kinderheim hielt ich mich für klein und häßlich. Wenn ich doch damals nur gewußt hätte, was ich heute weiß – daß ich hübsch war! Eigentlich hätte ich es wissen müssen – denn schließlich gefiel ich Walter, und er war kein Dummkopf. Aber ich war überzeugt, daß ich unattraktiv war, und brauchte viele Jahre, um das Gegenteil einzusehen.

Hier mein Rat: Wenn du in den Spiegel siehst, fasse den Entschluß zu mögen, was du da siehst. Du wirst feststellen, daß man sein Selbstwertgefühl wirklich beeinflussen kann.

Eine Menge Jugendlicher – vor allem Mädchen – halten sich für zu dick. In den allermeisten Fällen ist diese Furcht übertrieben. Wenn du allerdings wirklich abnehmen willst, bitte deine Eltern, einen Termin bei einem Arzt für dich zu vereinbaren. Er kann dir den besten Weg dazu erklären. Denn Mädchen (in seltenen Fällen auch Jungen), die zuviel darüber nachdenken, wie sie

am besten abnehmen könnten, steigern sich manchmal so sehr in diesen Wunsch hinein, daß sie überhaupt nichts mehr essen wollen oder können. Es wird bei ihnen zu einer Krankheit, zur Magersucht (medizinisch: Anorexie). Oder sie essen und erbrechen anschließend alles wieder. Das nennt man Bulimie. Beides ist gefährlich und fügt dem Körper großen Schaden zu. Wenn du meinst, daß eine dieser Verhaltensweisen auf dich zutrifft, sprich bitte mit einem Erwachsenen darüber.

Jungen in der Pubertät freuen sich oft, daß sie nun Muskeln bekommen. Sie stemmen Gewichte und treiben Sport, und sie stolzieren gern ohne Hemd herum. Wenn dir das Spaß macht, dann nichts wie los!

Viele Heranwachsende experimentieren mit Frisur

und Kleidung, um herauszufinden, wie sie am besten aussehen. Das ist völlig normal und wichtiger Bestandteil der Entwicklung. Trotzdem möchte ich dir einen Tip geben: Überlege es dir gut, bevor du etwas unternimmst, was nicht mehr rückgängig gemacht werden kann oder zumindest nur sehr mühselig und langwierig. Du könntest es bereuen.

Selbst die wildeste Punkfrisur mit dem stärksten Gel sieht nach einer ordentlichen Wäsche und gründlichem Ausbürsten wieder fast normal aus. Doch wenn du deine Haare purpurrot färbst, mußt du monatelang mit purpurrotem Schopf herumlaufen. Deshalb ist es vielleicht günstiger, du benutzt eine Tönung, die sich wieder auswaschen läßt. Und ich rate dir dringend von Sachen ab, die nicht mehr rückgängig zu machen sind, zum Beispiel von einer Tätowierung oder einem Loch in der Nase. Vielleicht findest du so etwas im Moment toll, aber später könntest du es bereuen.

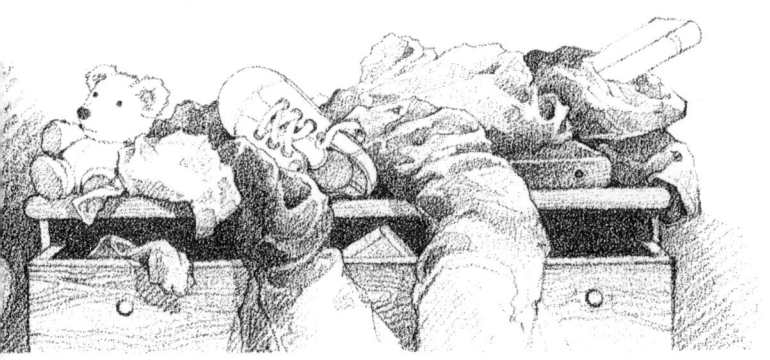

Eltern

Ich könnte darauf wetten, daß du in der letzten Woche mindestens einmal Krach mit deinen Eltern gehabt hast. Wenn nicht, dann ist er spätestens heute abend fällig. Natürlich mache ich jetzt Spaß. Aber es ist wahr, daß zwischen Eltern und Kindern oft große Spannungen auftreten, wenn die Kinder in die Pubertät kommen. Und das ist auch völlig verständlich: Denn die Jugendlichen verändern sich so schnell, daß Eltern nicht immer wissen, wie sie darauf reagieren sollen.

Die Spannungen haben gewöhnlich folgende Gründe: Den Eltern gefällt die Frisur, die Kleidung, das Make-up ihrer Kinder nicht. Die Kinder wollen länger wegbleiben, als die Eltern es erlauben, oder mit bestimmten Freunden zu einem bestimmten Ort gehen, den die Eltern entweder für unsicher oder für unpassend halten; das gleiche gilt für die Freunde. Die Eltern finden, daß das Zimmer ihrer Tochter oder ihres Sohnes zu unordentlich ist. Die Noten sind den Eltern nicht gut genug. (Ich kenne diese Streitpunkte nur zu gut, denn ich habe jeden einzelnen mit meinem Sohn oder meiner Tochter durchgefochten.)

Da die Heranwachsenden ihre Persönlichkeit und ihre Eigenarten entwickeln, die Eltern jedoch gleichzeitig für sie verantwortlich sind, muß es zwischen ihnen einfach zu Konflikten kommen. Allerdings kann man damit gut oder schlecht umgehen. Ich bitte dich jetzt um einen Gefallen: Versuche auch einmal, den Standpunkt deiner Mutter und deines Vaters zu verstehen. Sie wollen wirklich das Beste für dich – auch wenn es für dich manchmal nicht so aussieht.

Und hier ein wichtiger Tip: Anstatt die Eltern zu belügen, ist es besser, den Streit offen auszutragen. Auf lange Sicht führen Lügen nur zu Schwierigkeiten. Denn meistens kommt die Wahrheit ja doch ans Licht, und irgendwann werden dir deine Eltern nicht mehr vertrauen.

Natürlich sollten deine Eltern versuchen, dich zu verstehen. Ich will mich hier einmal auf die Seite der Jugendlichen stellen und an alle Eltern eine Bitte richten:

Gönnen Sie Ihren Kindern auch mal eine Pause. Sie können nicht immer die gehorsamen, höflichen, lieben, ruhigen, sparsamen und perfekten kleinen Kinder sein, die Sie gerne hätten. Respektieren Sie bitte ihre Privatsphäre, vertrauen Sie ihrer Urteilskraft und versuchen Sie, sie so zu mögen, wie sie sind.

3 Sex und andere Formen der Liebe

Sexualität betrifft uns in verschiedenen Altersstufen unterschiedlich stark. Für Kleinkinder ist sie nicht so wichtig. Zwar berühren kleine Jungen gern ihr Glied, und Mädchen finden es schön, sich im Bereich ihrer Scheide und vor allem an der Klitoris zu streicheln. Doch Sexualität nimmt in ihrem Leben keinen großen Raum ein.

Liebe hingegen spielt immer eine große Rolle. Das liegt daran, daß sie so viele Erscheinungsformen hat. Schließlich kannst du deine Mutter und deine beste Freundin lieben, aber auch Eiskrem oder Basketball. Und wenn du ins Teenageralter kommst, wirst du wahrscheinlich die Liebe zu Angehörigen des anderen Geschlechts entdecken.

Verknallt sein

Zum ersten Mal haben Kinder wohl im Alter von zehn, elf Jahren starke Gefühle dem anderen Geschlecht gegenüber. Bis dahin waren Jungen (wenn du ein Mädchen bist) oder Mädchen (wenn du ein Junge bist) meistens irgendwie »doof«. Doch plötzlich gibt es einen bestimmten Jungen oder ein bestimmtes Mädchen, und er oder sie ist einfach toll. Das starke Gefühl, das du für diesen Menschen empfindest, nennt man »verknallt sein«.

Ich erinnere mich noch, wie ich zum erstenmal verknallt war. Das passierte mir mit zehn Jahren, als ich noch in Frankfurt lebte. Ein Junge namens Justin – er war zwei Jahre älter als ich – wohnte damals über uns. Ich weiß noch, wie wundervoll ich das fand. Wenn mich irgend jemand ärgern wollte, hat Justin mich beschützt. Heute weiß ich, daß ein Grund für meine Schwärmerei mein starker Wunsch nach einem älteren Bruder war.

Vielleicht kennst du die Person, in die du dich verknallt hast, näher; vielleicht handelt es sich aber auch um jemanden, den du nur vom Sehen her kennst. Möglicherweise ist diese Person älter als du, ein Freund oder eine Freundin deines Bruders oder deiner Schwester, jemand aus dem Bekanntenkreis deiner Eltern oder auch eine Lehrerin. Ebensogut kann dein Schwarm ein Film-

star oder ein Popsänger sein. Manchmal ist es jemand vom anderen Geschlecht, manchmal von deinem eigenen. Es ist völlig normal, daß du anderen Menschen solche Gefühle entgegenbringst, und manchmal stellt sich sogar heraus, daß deine Gefühle erwidert werden! Normalerweise dauert so eine Schwärmerei nicht länger als ein oder zwei Monate, oder sie ist sogar von noch kürzerer Dauer.

Der nächste Schritt

Ein oder zwei Jahre später beginnen Mädchen und Jungen, mehr Zeit miteinander zu verbringen. Es finden Partys statt, manchmal mit Kußspielen wie Flaschendrehen. Ich bin sicher, daß Kinder auch heute noch Doktor spielen wie wir damals im Kinderheim. Es machte uns Spaß, uns überall anzufassen!

Doch wenn dir all diese Sachen keinen Spaß machen oder du dich unwohl dabei fühlst, laß es einfach sein. Und falls du dich nicht traust zu sagen, daß du keine Lust dazu hast, sag einfach, du hättest etwas anderes vor. Vergiß nicht, du allein entscheidest, was du tun willst und wann du es willst.

Nun dauert es nicht mehr lange, bis Jungen und Mädchen ihre ersten Verabredungen treffen, und bald wird ein erstes tapferes Pärchen von sich sagen, daß sie miteinander gehen. Sie werden im Schulhof Händchen halten, einander tief in die Augen schauen und sich gegenseitig ewige Liebe schwören. Doch normalerweise ist eine Beziehung in diesem Alter nur von kurzer Dauer.

Auch mein erster Freund war nicht Walter, sondern

ein Junge namens Max. Als ich dreizehn war, half ich ihm bei den Hausaufgaben, und schon bald war ich bis über beide Ohren in ihn verknallt. »Ich habe Max inzwischen sehr lieb gewonnen«, schrieb ich in mein Tagebuch. Doch darunter notierte ich gleich eine an mich gerichtete Ermahnung: »Du solltest allerdings nicht den Kopf verlieren.«

Kurz darauf spielten Max und ich zusammen Doktor, und ich schwebte im siebten Himmel. Aber dann folgte ein harter Schicksalsschlag: Ich erwischte Max, wie er ein anderes Mädchen küßte. Zum Glück tauchte kurz darauf Walter auf, und wir fingen an, uns zu treffen.

Wir verbrachten eine wunderschöne Zeit zusammen. Wenn wir ins Klassenzimmer gingen, nahm ich manchmal einen großen Mantel mit und legte ihn mir auf den Schoß. Darunter hielten wir Händchen. Oder wir trafen uns unter dem Treppenabsatz und auch in Höhlen im Wald hinter der Schule. Dort umarmten und küßten wir uns. Walter wohnte über mir; und er fand einen Weg, wie wir uns mit Hilfe von zwei Fäden und kleinen Papierfetzen Nachrichten von Fenster zu Fenster schikken konnten. Zwar hatten wir kein Geld, um uns gegenseitig Sachen zu kaufen; trotzdem machte er mir ein wundervolles Geschenk – er bastelte aus zwei Lederflecken ein Herz mit einer roten und einer blauen Seite. Ich trug es tagsüber immer an meine Sachen geheftet; und abends, wenn ich zu Bett ging, befestigte ich es an meinem Pyjama.

Mein Ehemann allerdings heißt Fred und nicht Walter; daran kannst du sehen, daß auch diese Jugendliebe nicht ewig dauerte. Wir gingen etwa drei Jahre miteinander, doch dann wurde ich eifersüchtig, weil sich Walter sehr für eine schon erwachsene Frau interessierte, die im Kinderheim arbeitete. Zwar beteuerte er, daß er mich lieber hätte, dennoch stand das Ende kurz bevor. Ob du es glaubst oder nicht, der endgültige Schlußstrich wurde nach einem Krach gezogen, den wir wegen einer Lappalie hatten. Damals schien mir diese Kleinigkeit unglaublich wichtig: Ich wollte, daß er sein Haar glatt zurückkämmte, er wollte einen Seitenscheitel tragen. In mein Tagebuch schrieb ich: »Das war's. Es ist vorbei.«

Meine Beziehung mit Walter war ungeheuer wichtig für mich. Und das beste daran ist, daß wir noch heute gute Freunde sind!

Selbstbefriedigung

Wenn du in die Pubertät kommst, verbringst du wahrscheinlich viel Zeit damit, über Dinge nachzudenken, die dir bisher völlig egal waren, über Dinge wie küssen oder von einem Jungen beziehungsweise einem Mädchen gestreichelt zu werden. Mal kennst du die Person, von der du träumst, mal ist es ein Filmstar, ein andermal eine hübsche Lehrerin oder ein gutaussehender Lehrer. Wenn man solche Gedanken hat, wird man möglicherweise sexuell erregt. Man fängt an, schneller zu atmen und wird rot im Gesicht. Jungen bekommen eine Erektion, Mädchen stellen fest, daß sie um die Scheide herum feucht werden.

Jungen und Mädchen, die solche Gefühle haben, fangen manchmal an, zu onanieren oder zu masturbieren, das heißt, sich selbst zu befriedigen. Ich habe vorher erwähnt, daß sich auch kleine Kinder selbst befriedigen, indem sie ihre Geschlechtsteile berühren, weil es sich schön anfühlt. Doch nach dem Eintritt in die Pubertät wird der Drang dazu wahrscheinlich stärker und häufiger auftreten.

Ein Junge onaniert normalerweise, indem er mit der Hand sein Glied umschließt und sie hoch und runter schiebt. Nach einer Weile – es kann Sekunden, aber auch Minuten dauern – wird er einen Orgasmus und gleichzeitig einen Samenerguß haben. Beim ersten Mal kann der Junge ziemlich erschrecken, wenn er sieht, wie die Samenflüssigkeit aus dem Penis austritt.

Wenn ein Junge einen Samenerguß hatte, braucht sein Körper etwas Zeit zum Ausruhen, und er wird eine Zeitlang keine weitere Erektion haben und auch nicht gleich wieder einen Samenerguß. Wahrscheinlich würde er das auch gar nicht wollen.

Ein Mädchen befriedigt sich selbst, indem es mit seinen Fingern an der Klitoris reibt oder den Bereich um ihre Scheide und deren Inneres streichelt. Wenn sie immer weiter reibt, wird sie einen Orgasmus bekommen. Mädchen haben keinen Samenerguß bei ihrem Orgasmus, aber ihre Scheide wird feucht. Das liegt daran, daß sich bei sexueller Erregung in der Scheide ein Sekret bildet.

Manche Jungen sehen sich beim Onanieren gern Bilder in Pornoheften an. (Aus irgendeinem Grund macht Mädchen das meistens nicht so viel Spaß.) Wenn du solche Zeitschriften hast, sorge dafür, daß deine Eltern sie als dein privates, persönliches Eigentum akzeptieren.

An Selbstbefriedigung ist nicht das Geringste auszusetzen. Die allermeisten Menschen tun es, und es hat wirklich keinerlei negative Folgen, auch wenn eine

Menge Geschichten darüber im Umlauf sind – vielleicht hast du mal welche aufgeschnappt. Aber nichts davon ist wahr. Man wird durch Onanieren weder blind, noch bleibt man geistig zurück. Auch wird die Samenflüssigkeit dadurch nicht knapp, und es hat keinen Einfluß auf dein späteres Sexualleben. Man wird garantiert nicht schwanger davon, ebensowenig wie man dadurch keine Geschlechtskrankheiten bekommt.

Doch auch wenn du nicht onanierst, ist alles in Ordnung. Manchen Menschen macht es eben einfach keinen Spaß.

An eine Sache soll allerdings noch einmal erinnert werden: Man onaniert nicht in aller Öffentlichkeit. Wenn du es in deinem Zimmer tust, schließe die Tür und sorge dafür, daß niemand eintritt, ohne anzuklopfen. Befürchtest du, daß jemand hereinplatzen könnte, dann schiebe ein schweres Möbelstück vor die Tür.

Manchmal onaniert eine ganze Gruppe von Jungen zusammen. Auch daran ist absolut nichts auszusetzen, solange das ebenfalls nicht vor aller Augen passiert.

Homosexualität

Homosexuelle sind Menschen, die sich von Angehörigen ihres eigenen Geschlechts sexuell angezogen fühlen (im Gegensatz zu Heterosexuellen – Männer, die sich für Frauen und Frauen, die sich für Männer interessieren). Mit anderen Worten, es handelt sich um Männer, die stark für Männer und Frauen, die stark für Frauen empfinden. Manchmal werden homosexuelle Männer auch Schwule und homosexuelle Frauen Lesben genannt. Andere Menschen wiederum sind bisexuell. Das heißt, sie interessieren sich sowohl für Männer als auch für Frauen.

Bis vor nicht allzulanger Zeit gab es eine Menge Vorurteile gegenüber Homosexuellen, und zum größten Teil sind diese bis heute nicht ausgeräumt. Deshalb glauben manche Schwulen und Lesben, sie müßten ihre sexuelle Neigung geheimhalten. Doch immer mehr Menschen begreifen, daß Homosexuelle sich in nichts außer ihrer sexuellen Vorliebe von anderen Menschen unterscheiden.

Bist du homosexuell? Eine schwierige Frage. Manche Menschen finden es erst heraus, wenn sie schon weit über zwanzig sind. Auch wenn du in jemanden deines eigenen Geschlechts verknallt bist, sogar wenn du ihn gern küßt und streichelst, heißt das nicht unbedingt, daß du homosexuell bist.

Zärtlichkeiten

Wodurch wird man sexuell erregt? Wenn man jemandem in die Augen sieht, den man wirklich mag, kann das sehr aufreizend wirken; ebenso wie Händchen halten, Arm in Arm spazierengehen, küssen und sich umarmen. So etwas macht wohl jedes junge Pärchen.

Auch hierbei ist Ungestörtheit sehr wichtig. Und diese zu finden kann schwierig werden. Aber Jugendliche sind wahre Genies, wenn es darum geht, ein abgeschiedenes Plätzchen ausfindig zu machen, wo man allein sein kann. Und so bist du wahrscheinlich nicht auf meine Ratschläge angewiesen.

Wenn Mädchen und Jungen älter werden und sich besser kennen, möchten sie vielleicht weiter gehen. Sie möchten Petting machen, also zärtlich miteinander sein und sich gegenseitig dort berühren, wo es sich am schönsten anfühlt.

Ob und wann man sich dazu entschließt, hängt ganz allein von einem selbst ab. Aber eines möchte ich betonen, was mir sehr wichtig ist: Auf keinen Fall solltest du etwas tun, wozu du dich nicht reif genug fühlst, sondern nur, was du wirklich gerne möchtest und womit du dich wohl fühlst.

Denn manchmal wird man von anderen regelrecht gedrängt weiterzugehen, als man will. Es kann sein, daß dein Freund sagt: »Wenn du mich wirklich liebst, dann machst du es.« Oder die Freunde eines Jungen prahlen

damit, was sie schon alles erlebt haben, und sie tun so, als sei er kein »richtiger« Mann, wenn er bei diesen Dingen nicht »mithalten« kann.

Doch das ist kompletter Unsinn. Wenn du ein Mädchen bist und dein Freund dich mit solchen Worten erpreßt, dann liebt er dich nicht wirklich. Zumindest respektiert er dich nicht. Und Jugendliche, die überall herumerzählen, was sie angeblich schon alles erlebt haben, sagen meist nicht die Wahrheit.

Es gibt auch den Fall, daß Mädchen etwas tun, was sie eigentlich nicht tun wollen, nur damit sie geliebt werden. Das ist aus ihrer Sicht verständlich, funktioniert aber nicht. Ähnlich verhalten sich Menschen, die sich Freunde »kaufen« wollen, indem sie ihnen Ge-

schenke machen oder ihnen Geld geben. Die »Freunde« mögen dann nicht den Menschen selbst, sondern das, was sie bekommen; und sollte der Geld- und Geschenkefluß versiegen, ist es mit der Freundschaft vorbei.

Geschlechtsverkehr

Beim Geschlechtsverkehr legen Mann und Frau sich meist zusammen hin. Sie umarmen und küssen sich, vielleicht reden sie auch ein Weilchen (oder länger) miteinander, und dann schiebt der Mann sein steifes Glied in die Scheide der Frau. Da die Scheide feucht wird, wenn die Frau sexuell erregt ist, läßt sich das Glied leicht einführen. Danach bewegen Mann und Frau ihre Hüften, so daß sich das Glied in der Scheide bewegt oder hinein- und hinausschlüpft. Meist wird der Mann zum Orgasmus kommen und ejakulieren, und auch die Frau hat beim Geschlechtsverkehr häufig einen Orgasmus.

Nachdem der Mann sein Glied wieder aus der Scheide gezogen hat, sollte sich das Paar angenehm entspannt und wohl fühlen. Vielleicht halten sie einander noch in den Armen und küssen sich zärtlich. Wenn die Frau keinen Orgasmus hatte, könnte der Mann ihre Klitoris streicheln, bis auch sie einen bekommt. Nach einer Weile haben sie vielleicht Lust, noch einmal miteinander zu schlafen. Oder auch nicht.

Wie oft schlafen Leute miteinander? Nun, manche Männer und Frauen täglich. Andere Paare einmal in der Woche, einmal im Monat oder noch seltener. Im Laufe der Zeit stellt man fest, daß man in seinen verschiedenen

Lebensabschnitten unterschiedlich großes Interesse an Sex hat. Doch nicht wenige Paare sind ihr ganzes Leben lang sexuell aktiv.

Wenn eine Frau zum ersten Mal Geschlechtsverkehr hat, kann es sein, daß das Glied ihr Jungfernhäutchen – die dünne Haut am Scheideneingang – zerreißt und es ein bißchen blutet. Doch das passiert nicht immer. Wenn es nicht blutet, heißt das *nicht*, daß dieses Mädchen schon einmal Sex hatte.

Erzählt man Kindern, wie Geschlechtsverkehr funktioniert, finden sie die Beschreibung manchmal merkwürdig. Das ist völlig normal, denn sie können sich nicht vorstellen, worin der Reiz der Sache liegt.

Manchmal glauben Kinder auch, daß ein Mann urinieren muß, wenn sein Glied in der Scheide einer Frau steckt. Doch das kann nicht passieren. Ich habe bereits darauf hingewiesen, daß eine spezielle Klappe die Blase verschließt, wenn der Mann vor einem Samenerguß steht.

Ein Mann und eine Frau machen beim Geschlechtsverkehr eine Menge Geräusche – sie stöhnen, schreien, ächzen und so weiter –, und so kann ein Kind, das zufällig zuhört, vielleicht erschrecken. Ein Mädchen im Kinderheim erzählte mir einmal, daß sie gehört hatte, wie ihre Eltern miteinander schliefen. Sie hatte Angst bekommen, weil sie glaubte, ihr Vater würde ihre Mutter verprügeln. Aber diese Geräusche beim Sex bedeuten nicht, daß jemand Schmerzen leidet, sondern sind Ausdruck von Lust und Freude.

Übrigens, solltest du je ins Schlafzimmer deiner Eltern marschieren und feststellen, daß sie gerade miteinander beschäftigt sind, verhalte dich so, wie du es von

ihnen erwartest, wenn du nicht gestört werden möchtest. Sag einfach: »Entschuldigung« und geh wieder raus. Du kannst ja später mit ihnen darüber sprechen. Vielleicht wollen auch sie gern mit dir darüber reden. Oder keiner von euch will groß Worte darüber verlieren, dann laßt es einfach sein.

Die Entscheidung, mit jemandem zu schlafen, ist eine ernste Sache, und das aus mindestens drei Gründen. Erstens: Die Frau kann dadurch schwanger werden. Und ein Baby kriegen heißt, daß sich das ganze Leben grundlegend ändert. Deshalb sollten Jugendliche unbedingt Verhütungsmittel verwenden, wenn sie miteinander schlafen.

Zweitens: Man kann sich dabei mit einer sexuell übertragbaren Krankheit anstecken, besonders gefährlich ist heutzutage AIDS.

Und drittens: Geschlechtsverkehr kann enttäuschend sein und einen sogar unglücklich machen, wenn es nicht in einer liebevollen und zärtlichen Stimmung dazu kommt, und zwar zwischen zwei Menschen, die sich gern haben und genau wissen, was sie da tun.

Daher möchte ich noch einmal wiederholen, was ich schon vorher über Leute gesagt habe, die dich zum Sex überreden wollen. Laß dich nicht von anderen beeinflussen. Es gibt viele gute und schöne Gründe, miteinander zu schlafen. Aber es gibt auch schlechte: Wenn du dich beliebt machen möchtest oder wenn dein Freund beziehungsweise deine Freundin dich dazu erpreßt; wenn du den Eltern eins auswischen willst; wenn du beweisen willst, daß du schon erwachsen bist; oder wenn du einfach auch das tun willst, was alle anderen tun.

Im Fernsehen, auf Schallplatten oder im Kino wird dir möglicherweise der Eindruck vermittelt, daß niemand, der eine bestimmte Altersgrenze überschritten hat, noch nie mit jemandem geschlafen hat. Doch das ist falsch. Manche Menschen haben keinerlei sexuelle Erfahrung, bis sie heiraten. Manche Menschen bleiben es ihr Leben lang. Und noch etwas kann ich mit Bestimmtheit sagen: Alle Menschen, die ihre Jungfräulichkeit verloren haben, wissen noch genau, wann und wo und mit wem das geschah.

4 Verhütung

Durch den Geschlechtsverkehr kann ein Prozeß in Gang gesetzt werden, der damit endet, daß ein Baby geboren wird. Doch nicht immer, wenn ein Mann und eine Frau miteinander schlafen, wünschen sie sich auch ein Kind. Meist schlafen sie miteinander, weil sie einander lieben und Sex eine wunderschöne Erfahrung ist.

Aber eines darf man dabei nicht vergessen: Abgesehen von wenigen Ausnahmen besteht beinahe immer die Möglichkeit, daß die Frau schwanger wird, wenn ein Mann und eine Frau Geschlechtsverkehr haben.

Doch es gibt Paare, die möchten kein Baby kriegen, besonders dann nicht, wenn beide noch sehr jung sind. Von ihrer körperlichen Entwicklung her können ein fünfzehnjähriger Junge und seine gleichaltrige Freundin durchaus ein Kind kriegen. Aber auf die verantwortungsvolle Aufgabe, ein Kind großzuziehen, sind sie nicht genügend vorbereitet.

Selbst ein paar Jahre später ist es nicht viel anders. Nehmen wir mal an, ein Junge und ein Mädchen stehen kurz vorm Abitur. Sie schmieden alle möglichen Pläne. Die junge Frau möchte Jura studieren und einmal Richterin werden, sein Traumberuf ist Architekt. Wenn sie ein Baby bekommen, müssen sie jedoch praktisch all ihre Zeit, all ihr Geld und ihre Liebe dem Kind widmen. Träume haben da nicht mehr viel Raum.

Sie haben dann nicht einmal mehr Zeit zum Träumen. Monatelang wird das Baby nachts nicht durchschlafen, und das heißt: kein Kino, keine entspannten Mahlzeiten ohne Störungen, kaum noch Gelegenheit, sich zu unterhalten. Spätestens nach ein paar Wochen wissen die beiden, ob ihre Beziehung tragfähig war oder nicht.

Einige Mädchen träumen vielleicht von einem eigenen Baby. Beispielsweise ein Mädchen, das sich öfters mal einsam fühlt, das mit sich selbst nicht zufrieden ist. Sie hat einen Haufen Schmusetiere und spielt bei ihrer einjährigen Nichte gern Babysitter. Sie glaubt, mit einem eigenen Baby, mit einem Kind, das sie lieben kann und das *sie* liebt, wäre sie ungeheuer glücklich.

Aber Babys sind keine Schmusetiere. Sie sind auch anders als kleine Nichten, denn sie sind *immer* da. Und sie brauchen ständige Liebe und Aufmerksamkeit.

Wenn sich zwei Menschen also sicher sind, daß sie miteinander schlafen wollen, sich aber kein Baby wünschen, dann müssen sie Verhütungsmittel anwenden. Es gibt zahlreiche verschiedene Methoden, eine Schwangerschaft zu verhüten. Alle verhindern sie, daß der Samen des Mannes und das Ei der Frau während des Geschlechtsverkehrs aufeinandertreffen und sich das befruchtete Ei in der Gebärmutterschleimhaut einnistet. Einige dieser Methoden sind sehr zuverlässig. Und andere funktionieren überhaupt nicht.

Zuerst zähle ich auf, was nicht funktioniert. Manche Leute glauben, die Frau könnte nicht schwanger werden, wenn die beiden Sex im Stehen haben. Falsch.

Oder sie könnte nicht schwanger werden, wenn sie zum erstenmal mit einem Mann schläft. Falsch.

Oder sie könnte nicht schwanger werden, wenn sie gleich nach dem Geschlechtsverkehr duscht oder sich die Scheide mit bestimmten Mitteln spült. Falsch.

Oder die Frau könnte nicht schwanger werden, wenn sie keinen Orgasmus hat. Falsch.

Oder sie könnte nicht schwanger werden, wenn sie gleich nach dem Sex uriniert. Falsch.

Viele Paare versuchen, mit dem *coitus interruptus* zu verhüten. Das heißt, der Mann zieht kurz vor dem Samenerguß sein Glied aus der Scheide der Frau heraus. Aber es gibt zwei Dinge, die bei dieser Methode unsicher sind: Erstens kann kein Mann ganz genau voraussagen, wann er einen Samenerguß hat, und vielleicht ist er zu spät dran. Zweitens spritzen oft schon vor dem Samenerguß kleine Mengen an Samenflüssigkeit aus seinem Penis, und so gelangen lebende Spermien in die Scheide, die ein Ei befruchten können.

Die Zyklusmethode ist auch nicht viel zuverlässiger. Bei dieser sogenannten »natürlichen Empfängnisverhütung« bestimmt ein Paar so genau wie möglich die »sicheren« Tage für Geschlechtsverkehr. Dabei vermeiden sie den Geschlechtsverkehr in dem Abschnitt im Menstruationszyklus der Frau, wo sie nicht schwanger werden kann. Diese Methode ist reichlich kompliziert und sollte nur unter Anleitung von Ärzten oder anderen geschulten Beratern angewandt werden. Und selbst wenn man alles richtig macht, ist die Fehlerquote bei dieser Verhütungsmethode ziemlich hoch, so daß sie sich für junge Mädchen nicht gut eignet.

Doch es gibt andere Verhütungsmethoden, die besser funktionieren. Sie alle haben ihre Vorzüge und Nachteile. Vergiß nicht: Hundertprozentig sicher verhütest du nur dann, wenn der Mann sein Glied nicht in die Scheide einführt. Er sollte es nicht einmal in die Nähe der Scheide bringen, denn die Spermien können auch dann in die Scheide gelangen und bis zum Eileiter hinaufschwimmen.

Das Kondom

Das Kondom sieht ungefähr so aus wie der Finger eines Handschuhs. Gewöhnlich besteht es aus hauchdünnem, dehnbarem Gummi und ist in jeder Apotheke oder am Automaten erhältlich. Man sollte darauf achten, immer qualitätsgeprüfte Kondome mit dem Gütesiegel der DLF (Deutsche Latexforschung) zu kaufen.
In der Packung ist das Kondom aufgerollt, so daß es wie die Miniaturausgabe einer Frisbeescheibe aussieht. Vor dem Geschlechtsverkehr wird es über dem steifen Glied abgerollt, wobei man darauf achten muß, es nicht mit den Fingernägeln zu beschädigen und an der Spitze ein wenig Platz zu lassen. Beim Samenerguß des Mannes bleibt die Samenflüssigkeit im Kondom und kann nicht in die Scheide der Frau gelangen. Es ist allerdings sehr wichtig, das Kondom am Gliedansatz festzuhalten, wenn das Glied nach dem Geschlechtsverkehr aus der Scheide gezogen wird. Sonst besteht nämlich die Gefahr, daß das Kondom abrutscht. Ein Kondom kann nur ein einziges Mal verwendet werden.

Kondome haben keine schädlichen Nebenwirkungen, kosten nicht viel und sind eine relativ sichere Verhütungsmethode. Außerdem schützen sie vor sexuell übertragbaren Krankheiten. Es kann jedoch passieren, daß sie herunterrutschen oder reißen.

Manchmal werden Kondome in Sexualberatungsstellen oder in Schulen kostenlos verteilt. Es gibt Erwachsene, die damit nicht einverstanden sind. Sie denken, daß man die Jugendlichen damit zum Sex ermuntert. Da bin ich anderer Meinung. Mögen die Erwachsenen sagen, was sie wollen – junge Leute, die sich für Sex entschieden haben, lassen sich davon nicht abhalten. Und dann ist wichtig, daß sie dabei auch verhüten.

Für das Kondom ist – im Gegensatz zu den meisten anderen Verhütungsmethoden – der Mann verantwortlich. Manchmal begreifen junge Männer jedoch nicht, daß sie dafür zuständig sind, ihnen fehlt das richtige Verantwortungsbewußtsein. Vielleicht halten sie es für unter ihrer Würde, ein Kondom zu benutzen, oder sie genieren sich, in eine Drogerie zu gehen und eine Packung zu kaufen. Womöglich beruhigen sie sich mit dem Gedanken, daß *sie* ja nicht schwanger werden. Denn nicht sie kriegen das Baby, und sie sind auch nicht für sein Wohlergehen verantwortlich.

Wenn du als Mädchen einen Freund mit dieser Einstellung hast, dann bist du es dir schuldig, daß du dich mit ihm hinsetzt und ein ernstes Wörtchen mit ihm redest. Und wenn er nicht versteht, was du ihm klarmachen willst, dann solltest du dich fragen: Ist es dieser Junge wirklich wert? Natürlich kann es sein, daß er es einfach nur vergessen hat. Das kann jedem mal passieren. Außerdem schadet es sowieso nichts, wenn auch das Mädchen Kondome bei sich hat.

Schaum, Gel, Cremes und Zäpfchen

Es gibt Stoffe mit einer spermiziden, das heißt samenabtötenden Wirkung – wenn sie mit Spermien in Berührung kommen, werden diese abgetötet. Samenabtötende Mittel zur Verhütung werden in Form von Schaum, Creme, Gel oder Zäpfchen angeboten. Die Frau führt vor dem Geschlechtsverkehr eines dieser Mittel in die

Scheide ein, und wenn es funktioniert, dann schafft keine der Samenzellen den Weg hinauf bis zu den Eileitern.

Bei diesen Mitteln (die es in Apotheken gibt) muß man einiges beachten. Erstens ist wichtig, daß man sich bei der Anwendung genau an die Gebrauchsanweisung hält. Einige Frauen führen sie beispielsweise erst *nach* dem Geschlechtsverkehr ein. Aber dann ist es zu spät.

Zweitens sind Schaum, Cremes, Gel und Zäpfchen, wenn man sich allein auf sie verläßt (auch dann, wenn man alles richtig macht), nicht hundertprozentig sicher. Deshalb sollte man sie lieber zusammen mit dem Kondom oder dem Diaphragma benutzen.

Das Diaphragma

Das Diaphragma ist eine flache Schale aus Gummi. Es wird vor dem Geschlechtsverkehr so in die Scheide eingeführt, daß es vor dem Muttermund sitzt. Das ist die Öffnung, mit der die Gebärmutter in die Scheide mündet.

Das Diaphragma wirkt auf zweifache Weise: Erstens verschließt es den Zugang der Samenzellen oder Spermien zum Muttermund und verhindert so, daß Samenzellen und Eizelle zusammentreffen. Da aber Spermien sehr klein sind, kann es einigen gelingen, über den Rand zu schlüpfen. Deshalb wird das Diaphragma immer zusammen mit einer samenabtötenden Creme oder einem Gel benutzt. Nach dem Geschlechtsverkehr muß es mindestens sechs Stunden lang an Ort und Stelle bleiben. Nur so kannst du sicher sein, daß alle Spermien abgetötet wurden.

Da alles davon abhängt, ob das Diaphragma genau paßt, muß die Frau es sich von einer Ärztin oder einem Arzt oder auch in einer Sexualberatungs- oder Familienplanungsstelle verschreiben lassen. Dort wird der Frau auch erklärt, wie man das Diaphragma einsetzt. Damit das Diaphragma zuverlässig wirksam werden kann, ist es wichtig, Größe und Sitz regelmäßig kontrollieren zu lassen.

Bei richtiger Anwendung ist das Diaphragma eine sehr sichere Verhütungsmethode. Außerdem hat es keine Nebenwirkungen.

Die Pille

Die Antibabypille enthält künstlich hergestellte Hormone. Sie bewirken, daß bei einer Frau, die die Pille nimmt, kein Eisprung mehr stattfindet. Außerdem verändert sie die Gebärmutterschleimhaut so, daß sich kein befruchtetes Ei darin einnisten kann.

Die Pille gibt es nur auf Rezept. (Pillen aus einer Packung zu nehmen, die einer anderen Frau verschrieben wurden, kann gefährlich sein.) Die Frau nimmt drei Wochen lang jeden Tag eine Pille ein, dann setzt sie eine Woche damit aus. In dieser Woche tritt ihre Menstruationsblutung ein. Anschließend nimmt sie wieder drei Wochen lang die Pille ein, dann setzt sie wieder aus und so weiter.

Bei richtiger Anwendung ist die Pille eine sehr sichere Verhütungsmethode. Selbst während der einwöchigen Einnahmepause ist es nicht möglich, schwanger zu werden. Allerdings kann die Pille nicht wirken, wenn sie nur ein oder zwei Tage lang eingenommen wird oder wenn du etwa das ganze Monatspaket einer Freundin auf einmal schluckst. Um ihre volle Wirksamkeit zu entfalten, muß die Pille einen ganzen Monat lang eingenommen worden sein. Im ersten Monat der Einnahme müssen deshalb zusätzlich noch andere Verhütungsmethoden angewendet werden. Wenn eine Frau die Pille absetzt oder auch nur einmal vergißt, sie zu nehmen, besteht die Gefahr, daß sie sofort schwanger wird.

Antibabypillen sind im Vergleich zu anderen Verhütungsmitteln recht teuer. Außerdem haben sie einige Nebenwirkungen. Eine Frau sollte auf jeden Fall ausführlich mit ihrer Ärztin oder ihrem Arzt sprechen, wenn sie sich die Pille verschreiben lassen möchte.

Die Spirale

Die Spirale – die medizinische Bezeichnung lautet Intrauterinpessar – ist ein kleines, mit Kupferdraht umwickeltes Stück Kunststoff. Spiralen gibt es in verschiedenen Formen und Größen. Die Spirale wird vom Arzt in die Gebärmutter eingesetzt, wo sie bis zu vier Jahre bleiben kann. Sie wirkt auf zweierlei Weise: Das Kupfer, das ständig in kleinen Mengen von der Spirale abgegeben wird, stört die Samenzellen des Mannes in ihrer Beweglichkeit. So können sie gar nicht erst zur Eizelle gelangen, um sie zu befruchten. Zusätzlich stört die Spirale den Aufbau der Gebärmutterschleimhaut. Falls es also doch einmal zur Befruchtung einer Eizelle kommt, verhindert die Spirale, daß sich das Ei in der Gebärmutter einnistet.

Einige Frauen, die eine Spirale haben, klagen über Unterleibsschmerzen oder unangenehm starke Menstruationsblutungen. In diesem Fall sollten sie eine andere Verhütungsmethode wählen. Für andere Frauen hingegen – vorausgesetzt, sie lassen von der Ärztin oder dem Arzt hin und wieder überprüfen, ob die Spirale noch richtig sitzt – ist sie eine sichere Verhütungsmethode. Allerdings kann die Spirale das Risiko von Unterleibsentzündungen erhöhen, die zu Unfruchtbarkeit führen können. Sehr jungen Mädchen wird die Spirale daher nur in Ausnahmefällen empfohlen.

Die Sterilisation

Eine weitere Verhütungsmethode ist die Sterilisation – eine Operation, mit der Männer und Frauen unfruchtbar gemacht werden können. Sie wird in einer Arztpraxis oder im Krankenhaus durchgeführt. Bei der Sterilisation des Mannes wird der Samenleiter durchtrennt oder abgebunden. Der Mann hat weiterhin einen Samenerguß, aber es gelangen keine Samenzellen mehr aus dem Hoden in die Samenflüssigkeit. Deshalb kann eine Frau von diesem Mann nicht mehr schwanger werden.

Die Sterilisation wird manchmal mit der Kastration verwechselt. Bei der Kastration werden die Hoden entfernt, also die Drüsen, die die Geschlechtshormone bilden. Dadurch kann sich der ganze Mensch verändern. Die Sterilisation hingegen hat nur zur Folge, daß der Mann kein Kind mehr zeugen kann. Auf die Lust und Potenz, also die Fähigkeit, mit einer Frau zu schlafen, hat die Sterilisation keinen Einfluß.

Während die Sterilisation beim Mann ein relativ leichter Eingriff ist, ist sie bei Frauen mit einer größeren Operation und einigen Tagen Krankenhausaufenthalt verbunden.

Für die Sterilisation der Frau gibt es verschiedene Methoden. Aber immer werden die Eileiter undurchlässig gemacht, so daß Samenzellen und Ei nicht mehr aufeinandertreffen können.

Für die Frau hat die Sterilisation den großen Nachteil, daß sie sich gewöhnlich nicht mehr rückgängig machen läßt. (Bei Männern ist dies manchmal möglich.) Eine Frau kann sich noch so sicher sein, daß sie niemals Kinder haben möchte, und trotzdem kann man nicht ausschließen, daß sie zehn Jahre später ganz anders darüber denkt. Nach einer Sterilisation kann sie sich jedoch nicht mehr anders entscheiden.

Andere Verhütungsmethoden

Andere Verhütungsmethoden werden gerade erprobt, doch bis jetzt sind sie noch nicht ausreichend getestet worden. Ich hoffe, sie werden sich als sicher und wirkungsvoll erweisen.

Wenn die Verhütung nicht funktioniert hat

Was soll man tun, wenn eine Frau kein Kind haben will, aber trotzdem schwanger wird? Oder wenn ein Paar nicht verhütet hat, ein Kind zeugt, aber kein Baby haben möchte oder keine Möglichkeit sieht, es aufzuzie-

hen? Nun, zum einen kann die Frau das Baby kriegen und dann zur Adoption freigeben.

Meistens kommen diese Kinder in eine liebevolle Familie, wo die Pflege- oder Adoptiveltern es wie ihr eigenes Kind behandeln. Allerdings muß sich die leibliche Mutter mit der Bedingung einverstanden erklären, daß sie von ihrem Kind nie wieder etwas sieht oder erfährt. Andere, weniger glückliche Babys kommen in ein Pflegeheim oder zu Müttern und Vätern, die sie nicht gut behandeln.

Manchmal entschließt sich eine junge Frau, die schwanger geworden ist, das Kind zu bekommen und es mit Hilfe ihrer Eltern großzuziehen. Oder ihre Eltern nehmen es auf und betrachten es als ihr eigenes Kind. Beide Möglichkeiten erweisen sich oft als nicht besonders glücklich, weil dadurch die Familienbeziehungen belastet werden und das Mädchen und seine Eltern unter der Bürde zu leiden haben.

Den Vater des Kindes zu heiraten und einen eigenen Hausstand zu gründen ist ebenfalls eine heikle Sache. Meistens sind die jungen Eltern dieser großen Belastung nicht gewachsen, so daß das Kind nicht in stabilen Lebensverhältnissen aufwachsen kann. Denn allzu oft geht die Beziehung bald wieder zu Bruch.

Eine weitere Möglichkeit ist die Abtreibung: ein medizinischer Eingriff, der durchgeführt wird, nachdem eine Frau schwanger geworden ist. Das befruchtete Ei oder der daraus entstandene Embryo wird aus der Gebärmutter entfernt. Zu Beginn der Schwangerschaft ist die Abtreibung ein unkomplizierter Eingriff. Sie kann in einer Arztpraxis durchgeführt werden, oder die Frau muß ein paar Tage im Krankenhaus bleiben.

Abtreibung ist ein heikles Thema und zudem oft mit Gefühlen belastet. Einige sind der Meinung, Abtreibung sei Mord und sollte grundsätzlich verboten werden. Andere wollen sie unter bestimmten Umständen erlaubt sehen – wenn durch die Schwangerschaft das Leben der Mutter gefährdet ist, beispielsweise. Wieder andere halten es für richtig, wenn jede Frau, die sich für eine Abtreibung entschieden hat, diese auch durchführen lassen kann. Manche sagen, daß sie nur in den ersten zwölf Schwangerschaftswochen durchgeführt werden sollte. In Deutschland wird über dieses Thema seit vielen Jahren gestritten – zur Zeit ist die Abtreibung zwar nicht erlaubt, doch wenn sie in den ersten Wochen der Schwangerschaft erfolgt, wird sie nicht bestraft.

Ich finde, Abtreibung darf nicht als Ersatz für Verhütung eingesetzt werden. Allerdings hat meiner Meinung nach jede Frau das Recht, ganz allein darüber zu entscheiden, ob sie abtreiben lassen will oder nicht.

5 Sexuell übertragbare Krankheiten

Zum richtigen Zeitpunkt und unter den richtigen Bedingungen ist Sex ein wunderbares Erlebnis, doch manchmal kann man dadurch auch krank werden – nämlich dann, wenn der Partner eine sexuell übertragbare Krankheit hat.

Sexuell übertragbare Krankheiten (zum Teil auch Geschlechtskrankheiten genannt) werden durch den engen Kontakt zweier Menschen beim Geschlechtsverkehr übertragen. Die wichtigsten sind Gonorrhöe (Tripper), Herpes, Pilzinfektionen, Filzläuse, Hepatitis B, Syphilis und AIDS.

Sexuell übertragbare Krankheiten müssen wir aus zwei Gründen ernst nehmen. Erstens können sie den Menschen, der sich angesteckt hat, sehr krank machen. Zweitens wird diese Person zu einem Überträger. Jedesmal, wenn diese Person Sex hat, besteht die Möglichkeit, daß ihr Partner angesteckt wird. Dies ist zwar weniger wahrscheinlich, wenn der Mann ein Kondom benutzt, doch ganz ausgeschaltet ist diese Möglichkeit damit noch nicht. Wie bei der Schwangerschaft gibt es nur eine einzige Möglichkeit, sexuell übertragbaren Krankheiten völlig aus dem Weg zu gehen: Man hat keinen Geschlechtsverkehr.

Sexuell übertragbare Krankheiten zeigen sich durch Juckreiz und Brennen an den Geschlechtsorganen und durch Schmerzen beim Urinieren. Außer AIDS können alle diese Krankheiten geheilt werden, und jeder, der glaubt, er habe sich an einer sexuell übertragbaren Krankheit angesteckt, sollte sofort eine Ärztin oder ei-

nen Arzt aufsuchen. Denn wenn diese Krankheiten nicht behandelt werden, können sie zu Arthritis, Unfruchtbarkeit, großem Unwohlsein und Schmerzen, Erblindung und – im Falle von AIDS und Syphilis – zum Tod führen.

Telefonische Auskünfte über sexuell übertragbare Krankheiten erteilen die Sexualberatungsstellen oder die örtlichen Gesundheitsämter.

AIDS

Das Kürzel AIDS leitet sich von *acquired immune deficiency syndrome* her, das bedeutet: erworbene Abwehrschwäche. Dies ist die gefährlichste der sexuell übertragbaren Krankheiten, weil sie immer irgendwann den Tod zur Folge hat. AIDS wird von dem sogenannten HIV-Virus (Humanes Immunschwäche-Virus) verursacht. Dieses Virus schwächt das Immunsystem des Menschen, also die Fähigkeit des Körpers, *andere Krankheiten zu bekämpfen.* Deshalb sterben Menschen mit AIDS häufig an verschiedenen Arten von Krebs oder an Lungenentzündung.

Außerdem ist AIDS eine neue Krankheit. Das Virus wurde 1981 zum erstenmal entdeckt. Im Jahre 1993 waren in der Bundesrepublik Deutschland 1877 AIDS-Fälle bekannt. Auf der ganzen Welt sind es viel mehr.

Über AIDS wird viel geredet, doch nur wenige sind über diese Krankheit gut informiert. Deshalb ist zunächst einmal wichtig, daß du weißt, wie du dich an AIDS *nicht* anstecken kannst. Du kriegst kein AIDS, wenn dich ein Überträger anniest, dich auf die Wange küßt, dich in den Arm nimmt, deine Hand hält, dich irgendwie anfaßt, oder wenn du mit ihm aus der gleichen Tasse trinkst, von seinem Brot abbeißt oder sonst irgendwas mit ihm gemeinsam benutzt. Du kriegst es nicht durch einen Mückenstich und auch nicht, wenn auf dem Toilettensitz vor dir ein AIDS-Überträger gesessen hat.

Aber wie kann man AIDS kriegen? Tatsächlich gibt es da nur drei Möglichkeiten. Erstens, du schläfst mit jemandem, der AIDS hat.

Zweitens, das Blut eines infizierten Menschen kommt in deinen Blutkreislauf. Viele Drogenabhängige haben sich am HIV-Virus angesteckt, weil sie sich mit infizierten Nadeln in die Haut gestochen haben. Es gibt auch Menschen, die durch Bluttransfusionen angesteckt worden sind, aber das war zu einer Zeit, als die Ärzte noch nicht wußten, daß die Krankheit auf diesem Wege übertragen werden kann. Heute werden die Blutspenden daraufhin untersucht, ob sie sicher sind.

Drittens kann es passieren, daß Babys, die von einer an AIDS erkrankten Mutter geboren werden, bereits angesteckt sind.

Eines sollte man sich immer vor Augen halten: Leute, die AIDS haben, müssen nicht unbedingt *wissen*, daß sie daran erkrankt sind. Sie können das Virus jahrelang in sich tragen, ohne daß irgendein äußerliches Anzeichen auf die Krankheit hinweist. Doch obwohl sich die Symptome nicht zeigen, können sie andere anstecken.

Hier gilt das gleiche wie bei anderen sexuell übertragbaren Krankheiten: Wenn du auf Geschlechtsverkehr verzichtest, kannst du praktisch sicher sein, daß du dich nicht mit AIDS ansteckst. Andererseits ist das Risiko, sich anzustecken, kleiner, wenn du bei einem Partner bleibst – vor allem, wenn er nur mit dir Sex hat und durch einen AIDS-Test weiß, daß er sich nicht schon vorher angesteckt hat. (Dabei muß man aber einberechnen, daß AIDS erst sechs Monate nach der Ansteckung durch den Test sicher festgestellt werden kann.)

Außerdem ist das Risiko kleiner, sich an AIDS anzustecken, wenn du darauf achtest, beim Geschlechtsverkehr immer ein Kondom zu benutzen. Übrigens glauben manche, sie könnten sich vor AIDS schützen, wenn sie analen Sex (dabei wird der Penis in den After eingeführt) oder oralen Sex (dabei werden die Geschlechtsteile mit dem Mund liebkost) ausüben. Doch das ist ein gefährlicher Irrtum. Auch bei diesen Formen der körperlichen Liebe kann das Virus übertragen werden.

Zwar kann AIDS bisher noch nicht geheilt werden, doch es gibt Medikamente, die die körperlichen Auswirkungen der Krankheit in Grenzen halten. Und die Wissenschaftler sind angestrengt auf der Suche nach einem Serum, einem Stoff, der verhindert, daß man sich an AIDS ansteckt. Einige glauben, daß dieses Serum in den nächsten zehn Jahren gefunden wird.

Das hoffe ich auch.

6 Sexueller Mißbrauch

Für zwei Menschen, die sich lieben, ist Sex eine der schönsten Sachen der Welt. Doch es gibt auch eine Abwandlung des Sex mit ausgesprochen schlimmen Auswirkungen. Gemeint ist sexueller Mißbrauch. Eine Art des sexuellen Mißbrauchs ist die Vergewaltigung – wenn ein Mensch einen anderen zum Sex zwingt. Vergewaltigung ist ein Verbrechen und wird bei Anzeige bestraft. Es kann sich durchaus auch um eine Vergewaltigung handeln, wenn die Frau den Mann oder das Mädchen den Jungen kennt. (Es ist sogar häufig so, daß das Opfer einer Vergewaltigung den Täter kennt.) Wenn eine Frau also sagt, sie möchte keinen Sex haben, darf kein Mann sie dazu zwingen – und das ohne jedes Wenn und Aber. Wenn er es aber doch tut, ist das eine Vergewaltigung.

Von Kindesmißbrauch sprechen wir dann, wenn ein Erwachsener oder ein Teenager sexuelle Handlungen mit Kindern ausführt. Auch das ist gesetzlich verboten. Manchmal ist das ein Erwachsener, der die Geschlechtsteile eines Kindes berührt oder das Kind auffordert, seine Geschlechtsteile zu berühren. Es kann auch ein Erwachsener sein, der ein Kind dazu überredet, Sexfilme oder Pornobilder anzusehen, oder der das Kind dabei zugucken läßt, wie er oder sie masturbiert. Und manchmal ist es ein Erwachsener, der ein Kind vergewaltigt und den Jungen oder das Mädchen zum Geschlechtsverkehr zwingt.

Wenn dich ein völlig Fremder in den Arm nimmt oder küßt, dann weißt du, daß etwas nicht stimmt. Aber manchmal bist du nicht sicher, ob das nun auch tatsächlich sexueller Mißbrauch ist. Erwachsene zeigen ihre Liebe zu einem Kind oft, indem sie es in den Arm nehmen oder küssen. Und ist das falsch? Nicht unbedingt. Aber wenn du dabei ein komisches Gefühl hast oder wenn es dir nicht gefällt, dann sage dieser Person so deutlich wie möglich, daß sie damit aufhören soll. Dein Körper gehört dir, und du brauchst dich nicht anfassen zu lassen. Wenn diese Person nicht aufhört, kannst du davon ausgehen, daß es sich um sexuellen Mißbrauch handelt. Versuche, dich so schnell wie möglich loszueisen. Dann solltest du bei der ersten Gelegenheit einem Erwachsenen, dem du vertraust, erzählen, was passiert ist. Du kannst es deinen Eltern, einem Lehrer, der Leiterin deiner Jugendgruppe, einem Pfarrer, einer Mitarbeiterin in deiner Bücherei oder auch deinem älteren Bruder oder deiner älteren Schwester erzählen. Es ist sehr, sehr wichtig, daß du mit jemandem darüber sprichst. Oft wollen Erwachsene, die ein Kind sexuell mißbrauchen, es dazu überreden, daß es niemandem davon erzählt. Sie reden solange auf das Kind ein, bis es sich schämt und denkt, daß es irgendwie seine eigene Schuld war. Manchmal behaupten sie sogar, die Eltern würden böse auf das Kind werden. Erwachsene, die ein Kind mißbrauchen, tun so, als würden sie das Kind »lieben«, das sie für ihre Zwecke benutzt haben.

Wenn du sexuell mißbraucht worden bist, dann bist nicht *du* daran schuld. Und diese Person liebt dich *nicht*. Selbst wenn du glaubst, du hättest es vielleicht verhindern können, darfst du dir *keine* Vorwürfe machen. Es ist ganz allein der entsprechende Erwachsene daran schuld, und er oder sie muß auch dafür bestraft werden.

Aber wie kannst du einer Situation aus dem Weg gehen, in der du womöglich sexuell mißbraucht wirst? Nun, wahrscheinlich haben deine Eltern es dir schon hundertmal erklärt: Sprich nicht mit Fremden, besonders wenn sie dir übertrieben freundlich vorkommen. Und wenn es dir komisch erscheint, wie ein Erwachsener, auch wenn du ihn kennst, sich dir gegenüber verhält, dann sprich mit deinen Eltern oder mit einem Erwachsenen deines Vertrauens über deine Befürchtungen.

Und für Kinder, die sexuell mißbraucht worden sind, gilt: Erzähle jemandem, was passiert ist, und zwar so bald wie möglich. Und mach dir keine Vorwürfe.

Inzest

Auch wenn du es nicht für möglich hältst, aber manchmal versuchen ältere Familienmitglieder – zum Beispiel große Geschwister oder die Eltern, ein Onkel oder ein älterer Cousin – Kinder zum Sex zu zwingen. Diese Art des sexuellen Mißbrauchs nennt man Inzest.

Alle Kinder, die das Opfer von Inzest geworden sind, tun mir sehr leid. Dies ist die schlimmste Form des sexuellen Mißbrauchs, weil sie in einem Kind die verschiedensten, verwirrenden Gefühle erzeugt. Auf der einen Seite liebt das Kind seine Eltern oder seinen Bruder oder seine Schwester, doch andererseits weiß es genau, daß diese Person etwas Schlimmes getan hat.

Aber mit wem kann dieses Kind darüber sprechen? Womöglich glauben ihm die anderen Mitglieder der Familie nicht, wenn es erzählt, was passiert ist. Vielleicht strengt sich dieses Kind furchtbar an und redet sich ein, daß gar nichts geschehen ist – denn wer will schon eine Familie haben, in der so etwas möglich ist.

Ich kann dazu nur eines sagen: Bestimmt ist es ungeheuer schwer, darüber zu sprechen. Aber noch schlimmer ist es, wenn man nicht darüber spricht. Ein solches Geheimnis mit sich herumzutragen bedeutet eine unheimlich schwere Last, die man alleine kaum bewältigen kann. Wenn du also zum Inzest gezwungen worden bist, solltest du erst einmal dir selbst eingestehen, was passiert ist – und dann ohne weiteres Nachdenken mit einem Erwachsenen darüber sprechen, dem du vertraust. Mach dir klar, daß du Hilfe brauchst – und die Person, die den Inzest begangen hat, auch.

7 Wie ein Baby entsteht

Nun ist es wohl an der Zeit, daß wir darüber sprechen, wie ein Baby gezeugt und geboren wird.

Das geschieht folgendermaßen: Wenn ein Paar Geschlechtsverkehr und der Mann einen Samenerguß hat, gelangen etwa 300 Millionen Samenzellen in die Scheide der Frau. Die Samenzellen oder Spermien sind so winzig, daß man sie mit bloßem Auge nicht sehen kann; wenn man 150 aneinanderreiht, ergeben sie gerade einen Zentimeter.

Ansehen kann man sich Spermien nur unter einem Mikroskop, und dann erkennt man auch ihren langen, rudernden Schwanz. Dieser Schwanz ist sehr wichtig, denn damit bewegen sich die Spermien durch den Muttermund in die Gebärmutter, bis sie schließlich nach einer Reise von mindestens einer Stunde in den Eileiter gelangen.

Aber so weit kommen nur die wenigsten. Einige werden durch die Schwerkraft wieder aus der Scheide herausgespült. Andere sterben ab. Trotzdem kommen immer noch etwa 2000 Spermien bei jedem der beiden Eileiter an.

Wie ich zuvor schon beschrieben habe, hat die Frau ungefähr in der Mitte ihres Menstruationszyklus einen Eisprung. Dabei reift in einem ihrer Eierstöcke eine Eizelle heran und macht sich auf den Weg zu einem der Eileiter. Wenn sie dort mit einem Spermium zusammentrifft, das aus der anderen Richtung kommt, versucht das Spermium, ins Innere der Eizelle zu gelangen. Manchmal gelingt das. Dann verbindet es sich mit dem

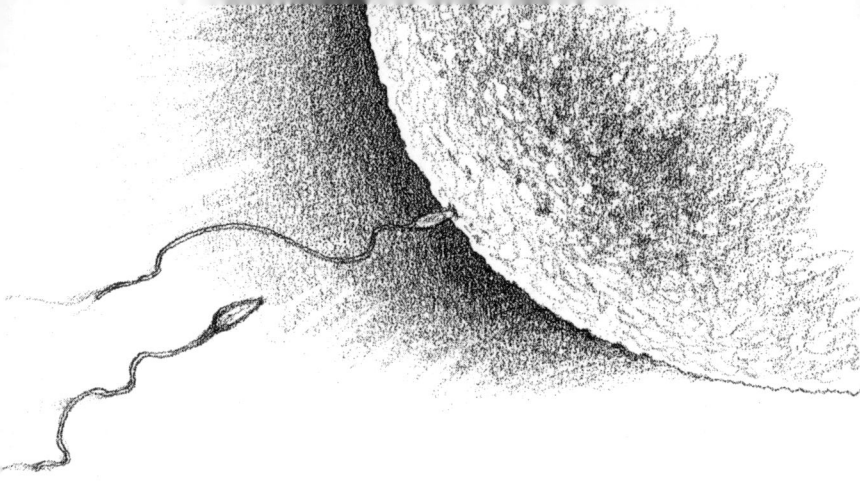

Kern der Eizelle. Das ist die Befruchtung – und die Frau ist jetzt schwanger.

Es hängt vom Spermium ab, ob aus dem befruchteten Ei ein Junge oder ein Mädchen entsteht. Es gibt nämlich zwei Arten von Spermien: die eine mit einem Y-Chromosom – aus ihnen entsteht ein Junge –, und die andere mit einem X-Chromosom – daraus entsteht ein Mädchen.

Nicht immer, wenn ein Mann und eine Frau miteinander schlafen, findet auch eine Befruchtung statt. Das Spermium muß genau dann am Eileiter eintreffen, wenn die Eizelle hindurchwandert. Und selbst wenn das der Fall ist, wird die Frau nicht immer schwanger. Manchmal durchdringt das Spermium nicht die Außenhaut des Eis, und in anderen Fällen kann ein Mann aus ganz bestimmten körperlichen Gründen eine Frau nicht befruchten oder eine Frau nicht schwanger werden.

Aber vergiß nicht: Jedesmal, wenn ein Mann und eine Frau Geschlechtsverkehr haben, besteht die Möglichkeit, daß die Frau schwanger wird. Zur Verhütung einer Schwangerschaft reicht es nicht, wenn man sich die Tage ausrechnet, an denen die Frau ihren Eisprung hat, und dann den Sex läßt. Zum einen weiß man nie genau, wann der Eisprung tatsächlich stattfindet. Zum anderen können einzelne Spermien bis zu drei Tage im Körper einer Frau überleben. Und dies macht das Ausrechnen der »sicheren« Tage reichlich kompliziert.

Daher muß ein Paar, das kein Baby haben will, unbedingt eine Verhütungsmethode anwenden.

Vom Embryo zum Fötus

Wenn ein Ei befruchtet ist, setzt es seinen Weg durch den Eileiter fort. Fünf bis sieben Tage später nistet es sich in der Gebärmutterschleimhaut ein, wo es ernährt wird und wächst. Nun nennt man es Embryo.

Da der Embryo die Gebärmutterschleimhaut zum Überleben braucht, wird sie von der Frau jetzt nicht mehr abgestoßen. Deshalb hat die Frau in diesem und in allen folgenden Monaten der Schwangerschaft keine Menstruation mehr.

Das Ausbleiben der Menstruation ist der erste Hinweis, daß eine Frau möglicherweise schwanger ist. Das muß aber nicht der Grund sein – die Menstruation kann auch aus anderen Gründen ausbleiben. Hatte sie allerdings in letzter Zeit Geschlechtsverkehr, dann sollte sie bei einer Ärztin oder einem Arzt einen Schwangerschaftstest machen lassen. In der Apotheke gibt es auch Tests zu kaufen, die man selbst zu Hause durchführen kann. Da diese jedoch nicht besonders verläßlich sind, sucht man besser den Arzt auf, wenn man auf Nummer Sicher gehen will. Auch in Familienberatungsstellen werden Schwangerschaftstests durchgeführt.

Der Tag, an dem eine Frau erfährt, daß sie schwanger ist – besonders beim erstenmal –, ist einer der wichtigsten in ihrem Leben. Ich weiß noch genau, wie es bei mir war – ich war überrascht und außer mir vor Freude. Da ich nur einen Meter vierzig groß bin, hatte ich immer geglaubt, ich wäre zu klein, um ein Kind zu kriegen.

Übrigens schadet es nichts und ist auch völlig normal, wenn eine Frau bis zur letzten Phase der Schwangerschaft Geschlechtsverkehr hat. Sobald sie schwanger ist, reifen in ihrem Körper keine Eizellen mehr heran, und

45 Tage 49 Tage

52 Tage 56 Tage

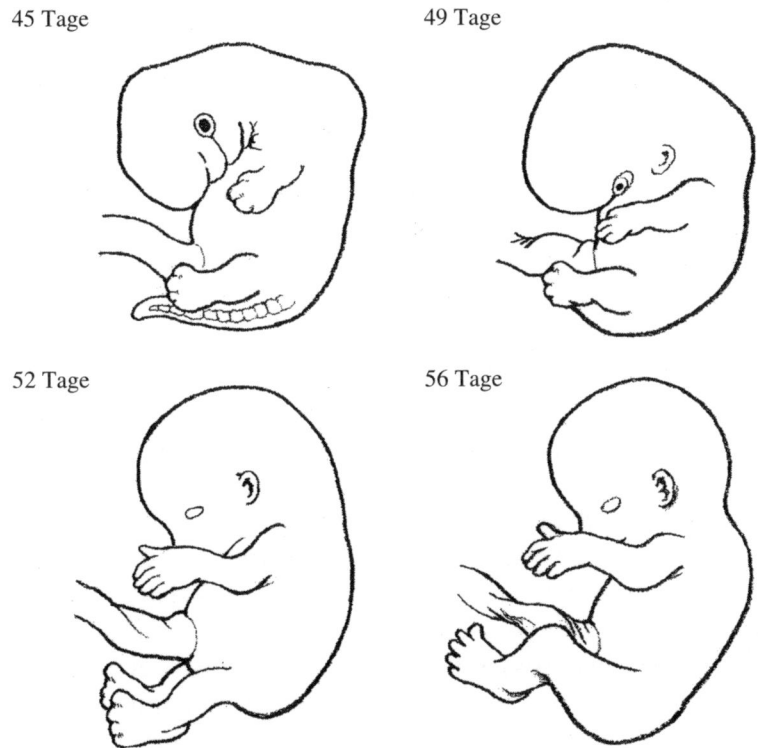

zwar bis nach der Geburt. Also kann sie nicht noch einmal schwanger werden, auch wenn sie Geschlechtsverkehr hat. Eine Schwangerschaft ist die sicherste Verhütungsmethode, die ich kenne.

Zwischen dem Augenblick der Befruchtung und der Geburt liegt ein langer Zeitraum. Beim Menschen beträgt er durchschnittlich 266 Tage oder achteinhalb Monate. (Vielleicht hast du im Kopf, es wären neun Monate. Aber das ist die Frist von der letzten Menstruation bis zur Geburt.)

Der Körper der Mutter versorgt den Embryo mit allem, was er zum Wachsen braucht. Dazu bildet sich in der Gebärmutter eine Gewebemasse, Plazenta oder Mutterkuchen genannt, die Sauerstoff und Nährstoffe an den Embryo weitergibt. Nach ungefähr zehn Wochen entsteht die Nabelschnur. Über die Nabelschnur ist der Embryo mit dem Mutterkuchen verbunden.

Mit jedem Tag wächst und entwickelt sich der Embryo ein bißchen weiter. Mit vier Wochen ist er noch nicht einmal einen Zentimeter groß. Auch nach acht Wochen ist er noch winzig – etwas über zwei Zentimeter –, doch jetzt ähnelt er schon einem richtigen Baby. Er hat Augen, Ohren, Arme, Hände mit Fingern, Beine, Füße und Zehen sowie die Ansätze der inneren Organe. Man nennt ihn nun Fötus. In der zwölften Woche ist er zehn Zentimeter groß und nahezu völlig entwickelt – er sieht aus wie ein winziges Menschenkind. Von da an wird er einfach nur größer und bildet all das aus, was er zum Leben nach der Geburt braucht.

Manche Paare lassen nach dem vierten Schwangerschaftsmonat einen Test durchführen, bei dem festgestellt wird, wie es dem Baby geht. Gewöhnlich ist das eine Fruchtwasseruntersuchung, die zeigt, ob ein Baby bestimmte Schädigungen hat. Eine davon ist das Down-Syndrom, das geistige Behinderung und eine Fehlfunktion der Muskeln zur Folge hat. Wenn der Fötus sehr krank ist, entscheiden sich die Eltern manchmal für eine Abtreibung.

Die Fruchtwasseruntersuchung zeigt auch, ob das Baby ein Junge oder ein Mädchen wird. Allerdings bitten manche Eltern den Arzt, es ihnen nicht zu sagen – sie wollen sich lieber überraschen lassen.

Es kann passieren, daß eine Frau eine Fehlgeburt hat. Das heißt, der Embryo oder Fötus bleibt aus einem von vielen möglichen Gründen nicht am Leben. Gewöhnlich kommt es nur in den ersten Schwangerschaftsmonaten zu einer Fehlgeburt.

Wenn ich schon bei den Dingen bin, die nicht sehr oft passieren, möchte ich auch über Zwillinge sprechen. Vielleicht hast du schon gehört, daß es zwei verschiedene Arten von Zwillingen gibt. Eineiige Zwillinge gleichen sich bis aufs Haar, zweieiige nicht. Manchmal reifen bei einer Frau zwei Eizellen gleichzeitig heran. Wenn sie beide befruchtet werden, entwickeln sich zwei Embryos und damit zweieiige Zwillinge. Es kann aber auch passieren, daß sich eine Eizelle nach der Befruchtung in zwei einzelne Embryos teilt, und dann werden eineiige Zwillinge geboren. Auf ungefähr neunzig Geburten kommt ein Zwillingspärchen.

Etwa im vierten Monat kann die Mutter die Bewegungen des Fötus spüren, obwohl er sich auch vorher schon fleißig regt. In den folgenden Monaten dreht er sich herum, strampelt und nutzt den ganzen Raum der Gebärmutter.

Ich weiß noch, wie ich zum erstenmal ein schwaches Flattern in meinem Unterleib spürte. Da wußte ich genau, daß in mir ein lebendiges Wesen heranwuchs – und dieses Gefühl war unbeschreiblich.

Der Verlauf der Schwangerschaft

Wie ich bereits sagte, ist das erste Anzeichen für eine Schwangerschaft das Ausbleiben der Menstruation. Das nächste ist bei einigen Frauen die Schwangerschaftsübelkeit – ihnen wird, besonders morgens, schlecht (manchen Frauen auch den ganzen Tag). Als ich mit meiner Tochter schwanger war, mußte ich mich drei Monate lang jeden Morgen übergeben – allerdings mit einem Lächeln auf dem Gesicht, denn ich war überglücklich. Bei den meisten Frauen werden auch die Brüste ein bißchen größer, und einige fühlen sich ein wenig schwach.

Außerdem stürmen auf die Frau in der Schwangerschaft die unterschiedlichsten Gefühle ein. Zunächst einmal die natürlichen Ängste – wird das Baby auch gesund sein? Kann ich als Mutter damit umgehen, daß ich allein für das Wohlergehen eines menschlichen Wesens verantwortlich bin? Und dann gibt es noch die Stimmungsschwankungen, die von den Veränderungen im Körper der werdenden Mutter herrühren. Den einen Tag lebt sie in tiefster Verzweiflung, und den nächsten schwebt sie im siebten Himmel. Diesem Wechselbad der Gefühle entkommt keine Frau, doch vielleicht kann sie besser damit umgehen, wenn sie vorher schon weiß, was sie erwartet.

Da das Baby nach den ersten drei Monaten immer größer wird, wächst auch der Bauch der Mutter. Allmählich muß sie Umstandskleidung tragen – weitgeschnittene Hosen, Kleider und Blusen, die sie nicht einengen. Da bei uns das Geld knapp war, als ich meine Kinder erwartete, besaß ich nur zwei Umstandskleider. Aber ich fühlte mich darin immer wunderbar.

Zwar heißt es gewöhnlich, das Baby wächst im »Bauch« der Mutter, doch das stimmt nicht. Es befindet sich in ihrer Gebärmutter. Deshalb gelangt das, was die Mutter ißt, auch nicht direkt zum Baby. Doch ihre Nahrung wird über den Blutkreislauf an das Baby weitergegeben, und deshalb muß die Mutter genauestens darauf achten, was sie ißt. Sie braucht mehr Eiweiß, Eisen, Kalzium, Folsäure und die Vitamine A, B, C, D und E. Die Ärztin oder der Arzt kann ihr erklären, in welchen Nahrungsmitteln diese Stoffe enthalten sind und eventuell auch Vitaminpräparate verschreiben.

Schwangere Frauen dürfen *keine* Drogen nehmen und sollten auch keinen Alkohol wie Bier, Wein oder scharfe Sachen trinken. Auch das Rauchen schadet dem Fötus, ebenso wie zu viel Kaffee. Einigen Frauen fällt es schwer, all dies aufzugeben; trotzdem ist es sehr wichtig, daß sie das tun. Niemand würde einem kleinen Kind einen Schnaps vorsetzen – also sollte ihn erst recht keine schwangere Frau ihrem Fötus zumuten, der sich nicht wehren kann.

Die letzten drei Monate der Schwangerschaft können ein wenig beschwerlich werden. Schließlich trägt die Frau nun zwanzig oder mehr Pfund an zusätzlichem Gewicht mit sich herum. Manchmal hat sie Rückenschmerzen. Und hin und wieder fühlt sie sich einfach nicht so gut. Vor allem aber ist sie ungeduldig. Der Vater und sie haben sich für einen Namen entschieden und Babykleidung und ein Kinderbettchen besorgt. Wenn das Baby jetzt nur endlich da wäre!

Die Geburt

Doch schließlich ist es dann soweit. Die Mutter fühlt in der Gebärmutter Wehen: Die Muskeln der Gebärmutter ziehen sich zusammen und zeigen damit, daß die Geburt bald beginnt. Zunächst sind die Wehen noch schwach und treten alle fünfzehn bis dreißig Minuten auf. Sobald sie stärker werden und alle fünf bis zehn Minuten kommen, wird es Zeit, zum Krankenhaus zu fahren. Außerdem sollte sich eine Mutter bei ihrer Ärztin oder ihrem Arzt melden, wenn ihr eine warme Flüssigkeit die Beine herabläuft. Dies bedeutet nämlich, daß die Fruchtblase geplatzt ist und das Fruchtwasser abläuft, das den Fötus in der Gebärmutter umgeben hat.

An der Bezeichnung Wehen erkennt man, daß eine Geburt mit harter Arbeit und mit Schmerzen verbunden ist. Bei Frauen, die ihr erstes Kind bekommen, können die Wehen durchschnittlich zwölf bis fünfzehn Stunden dauern.

Die Mutter kann sich jedoch Medikamente geben lassen, die ihr die Wehen erträglicher machen. Außerdem lernen viele Mütter in den letzten Monaten der Schwangerschaft bestimmte Methoden der Atmung und Entspannung, die ihnen die Geburt erleichtern. Es ist der Mutter eine große Hilfe, wenn jemand, der ihr nahesteht – gewöhnlich der Vater des Babys –, bei ihr bleibt, ihr die Hand hält, ihr Eiswürfel zum Lutschen gibt und sie bei den Entspannungsübungen unterstützt.

Das Baby wird durch die Wehen aus der Gebärmutter und durch die Scheide herausgedrückt. Gegen Ende dieses Vorgangs verspürt die Mutter das Bedürfnis zu pressen, so ähnlich wie beim Stuhlgang. Auch dadurch wird der Geburtsvorgang erleichtert.

Schließlich zeigt sich der Kopf des Babys. Zu diesem Zeitpunkt kommt die Ärztin oder der Arzt oder auch die Hebamme (eine ausgebildete Geburtshelferin) hinzu und paßt auf, daß auch im letzten Abschnitt der Geburt alles glatt verläuft.

Vielleicht kannst du dir nicht vorstellen, wie ein Menschenwesen – sei es auch noch so winzig – durch

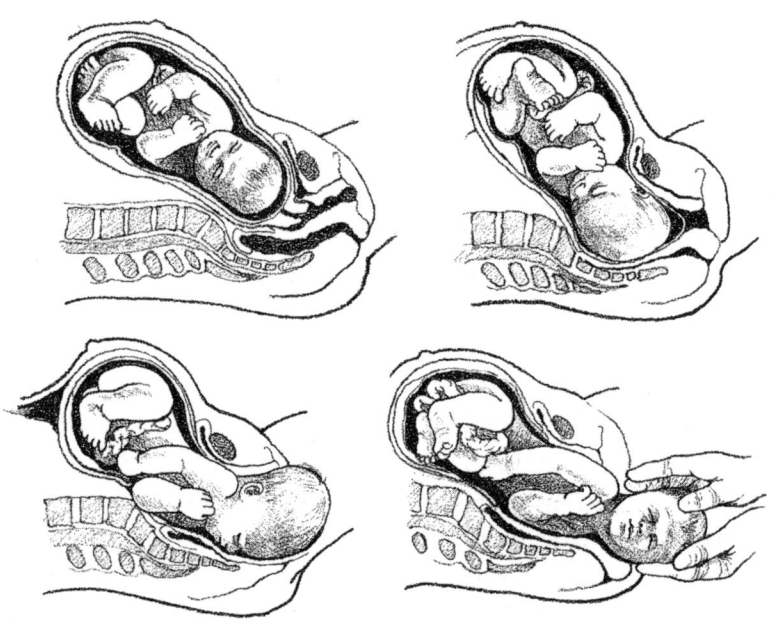

die Scheide einer Frau paßt. Doch das ist wirklich möglich. Eine der wunderbaren Eigenschaften des menschlichen Körpers ist seine Fähigkeit, sich auszudehnen, wenn er muß. Und danach zieht er sich wieder auf seine normale Größe zusammen.

Nach der Geburt reinigt die Ärztin, die Hebamme oder eine Krankenschwester Mund, Nase und Atemwege des Babys. Jetzt tut das Neugeborene – die Eltern wissen inzwischen, ob es ein Junge oder ein Mädchen ist – seinen oder ihren ersten Atemzug. Dann kommt der erste Schrei, die süßeste Musik, die ich je gehört habe. Anschließend wird die Nabelschnur, durch die das Baby mit der Mutter verbunden war, abgebunden und durchgeschnitten.

Vielleicht hast du noch nie ein Neugeborenes gesehen. Wenn doch, dann weißt du, daß Babys nach der Geburt nicht unbedingt hübsch aussehen. Sie sind runzlig, fleckig und haben einen roten Kopf, und manchmal sind sie ein wenig verformt. Aber das können wir ihnen nicht vorhalten. Oder wie würdest du aussehen, wenn du gerade durch den engen Geburtskanal gequetscht wurdest? Und nach ein paar Tagen sieht das Baby schon viel hübscher aus.

Kaiserschnitt

Manchmal entscheidet der Arzt, der die Mutter bei der Geburt betreut, daß eine Geburt, wie ich sie hier beschrieben habe, nicht möglich ist. Das Baby liegt in einer ungünstigen Position. Oder das Baby muß sofort herausgeholt werden, und man kann nicht mehr warten, bis die Wehen beginnen. Manchmal ist das Baby einfach zu groß und paßt nicht durch den Geburtskanal. Oder der Gesundheitszustand der Mutter läßt es geraten erscheinen, daß das Baby nicht auf die normale Art zur Welt kommt.

In diesen Fällen rät der Arzt zu einem Kaiserschnitt. Das ist eine Operation, bei der er einen Schnitt durch das Bauchfell und die Gebärmutter macht und das Baby herausholt.

Weil die Mutter eine Narkose bekommt, ist dieser Eingriff schmerzlos. Und obwohl jede Operation eine ernste Sache ist, ist dieser Eingriff relativ ungefährlich.

Weil die Babys nicht durch den engen Geburtskanal zur Welt kommen, sehen sie nach der Geburt meist viel hübscher aus. Meine zwei Kinder wurden durch Kaiserschnitt zur Welt gebracht, und sie waren beide wunderschöne Babys.

Die ersten Lebenstage

Neugeborene brauchen viel Fürsorge. Außer Atmen, Urinieren, Verdauen und natürlich Schreien gibt es praktisch nichts, was sie allein können. Sie können keine normale Nahrung zu sich nehmen, nicht einmal Babynahrung.

Aber zum Glück können sie saugen. Und das ist gut so, denn alles, was sie nach der Geburt an Nahrung brauchen, finden sie in der Brust der Mutter. Sie müssen nur noch trinken. Erstaunlicherweise sucht ein Neugeborenes instinktiv nach der Mutterbrust und saugt die Milch durch ihre Brustwarzen.

Nach der Geburt produziert der Körper der Mutter Muttermilch, die nicht nur alle Nährstoffe enthält, die das Baby braucht, sondern auch Abwehrstoffe gegen Krankheiten. Außerdem hat die Muttermilch immer die richtige Temperatur – sie ist also die ideale Babynahrung. Die Mutter hat solange Milch, bis sie mit dem Stillen aufhört. Doch nicht jede Frau stillt ihr Baby. Einige finden es unbequem, andere sind für längere Zeit (wegen der Arbeit oder der Schule) von ihrem Kind entfernt, und wieder andere möchten ihr Kind nicht stillen. Die Kinder dieser Frauen werden statt dessen mit gekaufter Flaschennahrung oder einer Kombination aus Muttermilch und Flaschennahrung gefüttert.

Die ersten Tage tut das Baby nichts anderes als schlafen, aufwachen, trinken und dann wieder schlafen. Doch schon bald wird es immer munterer, nimmt Anteil, reagiert auf seine Umgebung und bleibt länger wach. Dann möchte es schmusen und viel auf dem Arm getragen werden. Und irgendwann in dieser Zeit zeigt sich auch sein ihm eigenes Aussehen und seine Persönlichkeit.

Und dann dauert es nur noch wenige Jahre, bis es in die Pubertät kommt.

Nachwort

Demnächst wird sich dir eine völlig neue Welt eröffnen: Die Welt der Sexualität. So aufregend sie auch sein mag, ein wenig Angst macht sie doch.

Vielleicht kannst du dieser Angst dadurch begegnen, daß du einen Schritt nach dem anderen tust. Genieße deine Kindheit, solange du noch Kind bist, und laß dir genug Zeit, jeden neuen Abschnitt des Erwachsenwerdens voll auszukosten.

Ich höre gleich mit meinen Vorträgen auf, doch zuvor will ich dir noch die drei wichtigsten Dinge sagen, die ich über Sex weiß. Denke nie, du müßtest etwas tun, was du eigentlich nicht tun willst. Mach dir wegen deiner Träume und Sehnsüchte niemals Vorwürfe. Und zum guten Schluß, zwinge nie jemanden zu etwas, was er oder sie nicht tun will.

Bestimmt wird es einmal Augenblicke geben, in denen du verwirrt bist oder Angst hast. Das ist ganz normal. (Es wäre eher unnormal, wenn das nicht passiert.) Denke in diesen Augenblicken daran, daß du nicht allein bist. Es gibt Menschen, die dich lieben. Und wenn du ihnen von deinen Gefühlen erzählst, werden sie froh sein, daß sie dir helfen können, mit deinen Sorgen fertig zu werden.

Zum Schluß solltest du immer an einen Satz denken, von dem ich überzeugt bin: Jeder Mensch hat die Pflicht, alles zu tun, damit er glücklich ist. Und ein glückliches Leben, das ist es, was ich dir wünsche.

Register

Abtreibung 81–82, 97
Adoption 81
AIDS 68, 83–87
Akne 34–35
Alkohol
 und Gruppenzwang 41
 in der Schwangerschaft 100
Anorexie siehe Magersucht
Antibabypille 76–77

Babys 104–105
 Bedürfnisse von 70–71
 Geburt von 96, 101–103
 Zeugung von 14, 19, 31, 92–99
Bartwuchs 29–30
Befruchtung 19, 92–93, 96–97
Beschneidung 12
Binden 21–23
Bisexualität 61
Blutung siehe Menstruation
Brust 13–17
 während der Schwangerschaft 99
 und Stillen 104–105
Büstenhalter 17
Bulimie 50
Busen siehe Brust

Cliquen 40
coitus interruptus 72

Diaphragma 75
Drogen
 und Gruppenzwang 41
 in der Schwangerschaft 100

Eichel 12
Eierstöcke 17–19, 92
Eileiter 17–19, 79, 92
Eisprung 19, 76, 92–93
Eizelle 18–19
 und Schwangerschaft 31, 92–94
 und Verhütung 71, 76, 81
 und Zwillinge 97
Ejakulation siehe Samenerguß
Eltern
 und Privatsphäre 47–48, 66
 und sexueller Mißbrauch 90–91
 Streit mit 36, 52–53
 und ungewollte Schwangerschaft 81–82
Embryo 19, 81, 94–96
Erektion 12, 26, 58
Ernährung
 des Embryos 96
 des Neugeborenen 104–105
 in der Schwangerschaft 100
erogene Zonen 15

Familienberatungs- und Familienplanungsstellen 73, 76, 94
Fehlgeburt 97
feuchte Träume 32
Filzläuse 83
Fötus 19, 31, 94–95

Frauenarzt, Frauenärztin
 24–25, 76–78, 94
Freunde 36–42
Fruchtblase 101
Fruchtwasser 101
Fruchtwasseruntersuchung 97

Gebärmutter 19, 75
 und Schwangerschaft 92,
 94–104
 und Spirale 77–78
Gebärmutterschleimhaut 19,
 71, 76, 77, 94
Geburt 96, 101–104
Gefühle 36, 42–47, 54–56, 82
 und Geschlechtsverkehr
 65–68
 und Hormone 14
 und Menstruation 21
 Rat bei unbewältigten 46,
 107
 in der Schwangerschaft
 99
Gel, samenabtötendes 74–75
Geschlechtskrankheiten siehe
 sexuell übertragbare
 Krankheiten
Geschlechtsverkehr 14, 19, 31,
 65–69, 83
 und Penisgröße 28
 und Schwangerschaft 92–94
 und sexueller Mißbrauch
 88
 und Verhütung 70–82
Gewicht 20, 48–50
Glied 11–13, 25–28, 31, 54, 59
 und Geschlechtsverkehr 14,
 65–66, 72

Gonorrhöe siehe Tripper
Gruppen 40
 und Gruppenzwang 41
Gynäkologe siehe Frauenarzt

Haare
 und Frisur 51, 52
 auf dem Körper 18, 26, 29–31
Hänseln 23, 28, 40, 41
Harnröhre 12, 13
Haut 33–35
Hebamme 103
Hepatitis B 83
Herpes 83
Heterosexualität 61
Hilfe
 bei Gewichtsproblemen 48,
 50
 bei Inzest 91
 bei Selbstmordgedanken 46
 bei sexuellem Mißbrauch
 89–91
 bei sexuell übertragbaren
 Krankheiten 83–84
HIV (Humanes
 Immunschwäche-Virus)
 85–87
Hoden 12, 25, 31, 78
Hodensack 12, 25
Homosexualität 28, 61–62
Hormone 14, 76
Hymen siehe Jungfernhäutchen

Intrauterinpessar siehe Spirale
Inzest 90–91

Jungfernhäutchen 13, 21, 66
Jungfräulichkeit 69

Kaiserschnitt 103–104
Kleidung 51, 52
  und Körpergeruch 34
Klitoris 13, 15
  und Geschlechtsverkehr 65
  und Selbstbefriedigung 32,
    54, 59
Körpergröße 18, 26
Kondome 73–74, 75, 83, 86

Lesben 61
Liebe 54, 56, 57, 88–89
  und Geschlechtsverkehr 70
  und Kinderkriegen 71

Märchen
  über AIDS 85
  über Menstruation 21–22
  über Selbstbefriedigung 34,
    60
  über Verhütung 71–72
Magersucht 50
Masturbation siehe
  Selbstbefriedigung
Menopause 21
Menstruation 18–25
  und die Pille 76
  und Schwangerschaft 94
Menstruationszyklus siehe
  Zyklus
Monatsblutung siehe
  Menstruation
Mutterkuchen 96
Muttermilch 15, 105
Muttermund 19, 75, 92

Nabelschnur 96, 103

Onanie siehe
  Selbstbefriedigung
Orgasmus 31, 59, 65

Partys 56
Penis siehe Glied
Periode siehe Menstruation
Petting 62
Pille siehe Antibabypille
Pilzinfektionen 83
Plazenta siehe Mutterkuchen
Privatsphäre 7, 47–48, 53, 62
  und Geschlechtsverkehr
    66–67
  und Selbstbefriedigung
    60–61
Pubertät 11–14
  bei Jungen 25–33
  bei Mädchen 14–25

Rasieren 18, 30
Rauchen während der
  Schwangerschaft 100
Regel(blutung) siehe
  Menstruation

samenabtötende Mittel 74–75
Samenerguß 31–33, 65–66, 72,
  73, 92
  und Selbstbefriedigung 59
Samenflüssigkeit siehe Sperma
Samenzellen siehe Spermien
Schamhaar 18, 26
Schamlippen siehe Venuslippen
Schaum, samenabtötender
  74–75
Scheide 13, 25, 31
  und Befruchtung 92–93

und Geburt 102–103
und Geschlechtsverkehr 14, 65
und Menstruation 18
und Selbstbefriedigung 59
und Verhütung 72–76
Schuldgefühle 107
und sexueller Mißbrauch 89
Schwangerschaft 20, 68, 70, 92–101
und Geburt 101–103
ungewollte 81–82
Schwangerschaftstest 94
Schwangerschaftsübelkeit 99
Schweiß und Schwitzen 33–35
Schwule 28, 61
Selbstbefriedigung 32, 54, 58–61
Selbstmordgedanken 46
Selbstwertgefühl 16, 48–51
Sexualberatungsstellen 73, 76, 84, 94
Sexualität 7–9, 54
Sexuell übertragbare Krankheiten 68, 73, 83–87
sexueller Mißbrauch 88–91
Spekulum 25
Sperma 31, 33, 78
Spermien 19, 31, 71–79, 92

und Schwangerschaft 71–79, 92–94
und Selbstbefriedigung 59
Spirale 77–78
Sterilisation 78–79
Stillen 104–105
Stimmbruch 29
Syphilis 83–84

Tagebuch 44
Tampons 21-23
Tripper 83

ungewollte Schwangerschaft 79–82
Urinieren 12, 13, 33, 66, 72

Vagina siehe Scheide
Venuslippen 13
Vergewaltigung 88
Verhütung 58, 70–79, 93, 96
Verknallt sein 54–56, 61
Vorhaut 12

Wehen 101–104

Zärtlichkeit 62, 65–68
Zeugung 14, 19, 31, 92–94
Zwillinge 97
Zyklus 19, 92
Zyklusmethode 72, 93–94

Adressen

Bei Fragen könnt ihr euch an die folgenden Adressen wenden. Dort kann man euch Auskunft geben oder weitere Adressen in eurer Nähe nennen. Auch in den örtlichen Telefonbüchern oder im Branchenverzeichnis findet ihr unter dem Stichwort »Beratungsstellen« Adressen in eurer Umgebung, wo man euch Rat und Hilfe geben kann.

Deutschland

Bundesverband der
PRO FAMILIA
Stresemannallee 3
60596 Frankfurt am Main
Tel.: 069/639002

Durchblick
Informationsservice für
Jugendliche über Empfängnisverhütung und Sexualität
c/o Organon
85762 Ober-Schleißheim
Tel.: 0130/3431

Deutsche AIDS-Hilfe e.V.
Bundesverband
Dieffenbachstr. 33 (II. Hof)
10967 Berlin
Tel.: 030/690087-0

Beratungsdienst für homosexuelle Männer
Institut für Lebens- und Sexualberatung
Gerresheimer Str. 20
40211 Düsseldorf
Tel.: 0211/354591

Wildwasser
Notruf für vergewaltigte Mädchen
Mehringdamm 50
10961 Berlin
Tel.: 030/7865017

Zartbitter e.V.
Kontakt- und Informationsstelle gegen sexuellen Mißbrauch an Mädchen und Jungen
Stadtwaldgürtel 89
50935 Köln
Tel.: 0221/405780

Österreich

Österreichische Gesellschaft
für Familienplanung (ÖFG)
II Universitätsfrauenklinik
Spitalgasse 23
1090 Wien
Tel.: 0222/40400 29 24

Österreichische AIDS-Hilfe
Wickenburggasse 14
1080 Wien
Tel.: 0222/4086186

Rosa Lila Tip
Beratungs-, Kultur- und
Kommunikationszentrum für
homosexuelle
Frauen und Männer
Linke Wienzeile 102
1060 Wien
Tel.: 0222/5681 50

Notrufe für vergewaltigte
Frauen
Graz: 0316/918800
Innsbruck: 0512/574416
Klagenfurt: 0463/44966
Linz: 0732/2129
Wien: 0222/932222

Schweiz

pro juventute
Seehofstr. 15
Postfach
8022 Zürich

Help-o-fon
Sorgentelefon für Kinder und
Jugendliche
Tel.: 1 570057

Familienplanungsstelle der
Universitäts-Frauenklinik
Frauenklinikstr. 10
8001 Zürich
Tel.: 01/255 1111

Familienplanungsstelle am
Kant. Frauenspital
Falkenhöhenweg 1
3012 Bern
Tel.: 031/300 11 42

Familienplanungsstelle der
Universitäts-Frauenklinik
Schanzenstr. 46
4031 Basel
Tel.: 061/325 95 95

Familienplanung und Partnerschaft
Beratungsstelle
Rosenbergstr. 10
9000 St. Gallen
Tel.: 071/2288 11

Sexual- und Schwangerschafts-
beratung
Baarerstr. 11
6300 Zug
Tel.: 042/21 05 55

AIDS-Hilfe Schweiz
Konradstr. 20
8005 Zürich
Tel.: 01/273 42 42

Castagna
Beratungsstelle für sexuell
ausgebeutete Mädchen und
Frauen
Stauffacherstr. 127
8004 Zürich
01/291 49 49

aare

Donna Sharp

Das Tagebuch der Marie Lucas

Ab 14 Jahren, 174 Seiten

Die 16jährige Marie hat vor kurzem ihren Vater verloren. Aufgrund ihres Bestrebens, alle Probleme möglichst rational zu betrachten, ist sie nicht imstande, darüber richtige Trauer zu empfinden.

Durch die Bekanntschaft mit Dennis bekommt sie Kontakt zu den «Trendies», deren oberflächliche Lebensart ihr eigentlich fremd ist. Doch Dennis zeigt Interesse an Marie, und seine Aufmerksamkeit tut ihr gut. Die Einladung zu seiner Party nimmt sie deshalb gerne an. Als sie jedoch merkt, daß sie und zwei andere Freunde nur eingeladen sind, um verspottet zu werden, löst dies Auseinandersetzungen zwischen den Gruppen aus, die schließlich den Anstoß geben zu lernen, daß sie mit ihren wahren – auch irrationalen – Gefühlen leben muß.

aare

Allan Frewin Jones

Rahels Party

Ab 14 Jahren, 224 Seiten

Die 16jährige Rahel weiß, daß sie mit ihrem Übergewicht und der Brille nicht dem Schönheitsideal entspricht. Im Kunstunterricht ergibt es sich zufällig, daß Tony und Rahel ein «Paar» bilden müssen. Ganz langsam entwickelt sich eine private Beziehung zwischen den beiden, die zu Beginn allerdings von Unsicherheiten und Fragen begleitet ist. Auf Rahels Geburtstagsparty schenkt Tony ihr ein Kettchen mit einem Anhänger. Rahel ist glücklich. Auf dem Höhepunkt der Party aber entrollen die Freunde von Tony, ohne sein Wissen, das postergrosse Foto mit der dicken Rahel im Badeanzug, das er vor langer Zeit von Rahel gemacht hat. Rahel ist am Boden zerstört. Erst nach mehreren Tagen fühlt sie sich wieder stark genug, sich mit Tony zu treffen. Und nach einem langen Gespräch getraut sie sich, ihm einen Stempel auf den Arm zu drücken: «Eigentum von Rahel Ronchetti».

aare

Anita Siegfried

Mond im Kreis

Ab 12, 200 Seiten

Eigentlich könnte sich die vierzehnjährige Macha auf das Neujahrsfest freuen.. Aber an diesem Tag wird nicht nur wie immer das Orakel für das kommende Jahr gesprochen, sondern Macha soll auch mit Gaël vom Bärenhof verheiratet werden. Schon lange haben beide Sippen die Brautgeschenke ausgetauscht. Doch Macha fürchtet sich vor Gaëls kalten Augen und seinen gewalttätigen Ausbrüchen.Wie anders ist dagegen Laris, der umherziehende Händler aus der etruskischen Stadt Felsina, die irgendwo weit hinter den Bergen liegt! Seit Macha ihn im Sommer getroffen hat, kann sie sich mit der bevorstehenden Heirat nicht mehr abfinden und sucht verzweifelt nach einem Ausweg. Nachts hat sie seltsame Träume, die nichts Gutes verheißen. Es kommt, wie die Seherin Deirdre es voraussagt: Streit, Kampf und Tränen ziehen in die Häuser beider Familien ein. Macha wagt es, gegen das Gesetz des Stammes zu verstoßen: sie bricht das Verlöbnis. Ein trauriges Schicksal scheint ihr damit vorgezeichnet...